"互联网+"时代，转型升级

打铁还须自身硬！企业要做的是

思维转型升级，颠覆传统思维；

战略转型升级，明确未来方向；

营销转型升级，重塑品牌价值；

组织转型升级，缩小决策半径；

文化转型升级，企业文化再造。

互联网+
顶层设计

叶峰◎著

经济管理出版社

ECONOMY & MANAGEMENT PUBLISHING HOUSE

前　言

2015 年 7 月 1 日，新华社授权发布国务院《关于积极推进"互联网＋"行动的指导意见》，明确了 11 个领域的重点行动，意味着中央完成了"互联网＋"的顶层设计。这些领域事关经济发展全局，或贴近人民群众，或创新变革潜力巨大；同时也是互联网能够发挥关键作用、融合大方向、指导性非常明确的领域。

事实上，互联网＋顶层设计在更深远的意义上标示出了中国经济的基本面，这个基本面就是近年来全社会涌现的创新精神和创新成果及未来发展方向。利好政策既关联企事业单位，也关联个人。基于此，本书对《关于积极推进"互联网＋"行动的指导意见》进行了全方位解读，揭示其作用、意义和影响，并密切结合 11 项重点行动，通过各行各业及个人的最新案例，向读者展示了当前中国社会的经济热潮。

互联网＋创业创新：这部分内容通过嘉兴市"两创"中心建设、龙润集团战略升级、个人创客事业三个案例，分别展示了政府创新扶持、企业转型升级、个人积极参与的时代热潮。中国经济未来的活力来自大众创业、万众创新，"互联网＋"的优点在于可以大幅降低创业创新的成本。成功者的经验表明，投入成本低了，时间成本少了，精力投入少了，创业创新自然可以轻装上阵，机会不再可望而不可即。

互联网＋协同制造：这部分内容通过尚品宅配、攀钢等传统制造企业积极拥抱互联网的案例，反映了企业在新形势下的发展方向。中国制造过去给人"傻大粗黑"的感觉，不精细、不个性。而借助"互联网＋"，可以加快推进智能制造和大规模个性化定制。将来在网上看中什么商品，鼠标一点，商家3D打印再给你送到家。

互联网＋现代农业：互联网技术对农业的渗透、互联网与农业的结合日益显现：从对农业的深度改造开始，到颠覆农业的传统营销模式，再到互联网公司跨界进入农业生产领域，将上演一场轰轰烈烈的互联网农业盛宴。依托互联网，农业生产不再盲目，通过定位需求，可以实现精准化生产方式，以免"谷贱伤农"、"肉贱伤农"的周期性出现，另外，可以培育多样化、网络化服务模式，减少中间环节，保证食品安全。

互联网＋智慧能源：能源问题一方面卡着国民经济的血脉，另一方面影响着大气环境质量。"互联网＋"在推进能源生产和消费智能化方面大有可为。比如伊利、愿景能源及BAT三巨头跨界整合等，已经显示出强劲的发展势头，都可以让未来的能源建设走上智慧自治的道路，顺便让污染空气的细颗粒物（PM2.5）少点儿。新形势下，能源与互联网将呈现深度融合之势。

互联网＋普惠金融：面向草根需求的普惠金融是互联网金融的显著特点，这一主题也是中央互联网＋顶层设计的贡献所在。事实上，中国的普惠金融已经借助互联网的东风遍地开花，如股权投资模式、众筹模式，一些企业也通过积极创新，在互联网金融百花园中争奇斗艳。可以说，"互联网＋"没少给咱老百姓的钱袋子做贡献。这在过去是不可想象的，将来则是不可限量的。因为国家将拓展互联网金融服务创新的深度和广度，换言之，网上金融全方位替人们挣钱的好日子已经开始了。

互联网＋益民服务：这个行动体现了服务意识的现实性和重要性，只要心有所想、身有所向，就有改进的动力，也会有改进的成果。比如 P2P 益民贷的创新服务、e 袋洗变身居家服务 O2O 入口，这些都是成功的典型。由此我们也不难想象，政府创新网络化管理和服务、医疗、养老、教育、旅游等民生多方面领域的提质增效，都有赖于互联网建设的深入。

互联网＋高效物流：互联网与物流的创新性结合，必会产生物流的高效益，比如管车宝、福佑卡车、罗计物流等，充分利用互联网、物联网打造全新模式，获得了明显的社会效益和经济效益。其实早在十多年前国内就讨论过现代化物流体系建设的问题，但推进效果不大，因为在管理上缺乏经验和人才，在资金上缺乏供给和效率。而今，"互联网＋"带着低成本、高效率的优势入场，将来无论是构建物流信息共享互通体系，还是建设智能仓储系统，或是完善智能物流配送调配体系，都将发挥引领作用。

互联网＋电子商务：国家在这块主要侧重农村。在互联网经济巨大的发展潜力下，互联网时代的电子商务的收益，在很多农村越来越被人们所认识，比如东风村、村村乐等都是电商成功者。尤其是东风村由过去的"破烂村"变成了"淘宝村"，让农村经济快速走上康庄大道。像这种行之有效的方式，就应该持之以恒地坚持推进，并不断应用创新。

互联网＋便捷交通：出门最怕两眼一抹黑，去哪儿都堵。现在就算是新手上路，也可以借助导航躲开拥堵路段。如嘀嗒拼车同时满足了"基于移动互联网的出行"与"绿色交通"两大政策等。随着互联网的发展和信息技术的广泛应用，交通领域的模式创新和产品与服务创新必将日新月异。

互联网＋绿色生态：这些年生态领域运用互联网技术谋发展的案例越来越多，比如，"瑞祥模式"与"循环经济"之缘、光明米业打造粮油产业"航母"、海南生态软件园互联网＋绿色引擎等。推动互联网与生态文明建设深度融合，则可以远程监控、实时测查，让污染无处遁形，让执法耳聪目明，绿水青山也需要"互联网+"保驾护航。

互联网＋人工智能：继移动互联网之后，人工智能的浪潮开始掀起，新一轮技术革命风暴已经到来。过去感觉高大上的人工智能应用，现在新产品则不断出现，比如做饭这件比较麻烦的事，因为有智能餐桌，现在太小儿科了。将来国家要加快人工智能核心技术突破，推进智能产品创新，提升终端产品智能化水平。科幻大片里的未来生活场景，将不再只是过眼瘾了。

互联网＋顶层设计新鲜出炉，"大众创业，万众创新"方兴未艾，你准备好了吗？

叶锋

2015 年 7 月

目　录

目前，我国互联网基础日趋坚实，正成为经济社会发展的新引擎。《关于积极推进"互联网＋"行动的指导意见》是党中央、国务院在深刻认识和准确把握互联网发展规律的基础上，立足国情、统筹全局、高屋建瓴，对互联网与经济社会融合发展做出的重大战略部署和顶层设计，具有划时代的重大意义和深远的历史性影响。

"互联网＋创业创新"是《指导意见》中11项重点行动的第一项。其实从中央提出"互联网＋"行动计划以来，就有大量企业和个人加入这一活动。这里通过嘉兴市"两创"中心建设、龙润集团战略升级、个人创客事业三个案例，分别展示了政府创新扶持、企业转型升级、个人积极参与的时代热潮。

第03章 "互联网＋协同制造" ·················· 25

国务院刚刚出台的《指导意见》中有"互联网＋协同制造"重点行动，这对中国工业而言意义重大。分析人士认为，如何调动大型企业的互联网化转型积极性，以及如何为互联网与工业融合创新提供技术、标准规范，是落实这一行动的当务之急。其实在中央提出"互联网＋"之后，就有不少传统制造企业如尚品宅配、攀钢等在积极拥抱互联网。

第04章 "互联网＋现代农业" ·················· 39

随着互联网技术对农业的渗透，互联网与农业逐渐紧密结合起来，尤其是《指导意见》中的"互联网＋现代农业"，从对农业的深度改造开始，到颠覆农业的传统营销模式，再到互联网公司跨界进入农业生产领域，将上演一场轰轰烈烈的互联网农业盛宴。所以，"互联网＋农业"以及"互联网＋现代农业"正在得到实践。

第05章 "互联网 + 智慧能源" ………………………… 55

《指导意见》提出了"互联网 + 智慧能源"的路线图，主要包括四项措施：推进能源生产智能化、建设分布式能源网络、探索能源消费新模式、发展基于电网的通信设施和新型业务。而之前的许多企业如伊利、愿景能源及 BAT 三巨头跨界整合等，已经显示出强劲的发展势头。新形势下，能源与互联网将呈现深度融合之势。

第06章 "互联网 + 普惠金融" ………………………… 73

《指导意见》将"互联网 + 普惠金融"列为 11 项重点行动之一，并特别指出是"互联网 + 普惠金融"而非"互联网 + 金融"，体现了面向草根需求的普惠金融的互联网金融特点，这是其贡献。事实上，中国的普惠金融已经借助互联网的东风遍地开花，如股权投资模式、众筹模式，一些企业也通过积极创新，在互联网金融百花园中争奇斗艳。

第07章 "互联网 + 益民服务" ·············· 91

"互联网 + 益民服务"行动是一种服务意识，每时每刻都要想着给群众、客户创造便利。事实上，益民服务的方式是多种多样的，而且很多服务并不是技术上无法改变，只要心有所想、身有所向，就有改进的动力，也会有改进的成果。比如 P2P 益民贷的创新服务、e 袋洗变身居家服务 O2O 入口，都是成功的典型。

第08章 "互联网 + 高效物流" ·············· 101

"互联网 +"的概念结合传统行业，都能掀起一股新风暴。尤其是"互联网 + 高效物流"被列入《指导意见》中 11 项计划后，将与智能制造、金融领域相结合，产生更高的附加值。事实上，有很多创新的物流产品如管车宝、福佑卡车、罗计物流等，充分利用互联网、物联网打造全新的模式，这已成为企业"群雄逐鹿"的重要对策。

第09章　"互联网＋电子商务"

《指导意见》锁定"互联网＋电子商务"，并明确了由发展改革委、商务部、工业和信息化部、交通运输部、农业部、海关总署、税务总局、质检总局、网信办等负责。九部委共同培育电商，足以显示对电商的重视。而在互联网经济巨大的发展潜力下，早已有韩都衣舍、东风村、村村乐等成功典型的存在和发展了。

第10章　"互联网＋便捷交通"

"互联网＋便捷交通"是《指导意见》确定的重点领域，将在此前提出的"互联网＋"行动计划基础上推动交通与互联网的深度融合。事实上，随着互联网的发展和信息技术的广泛应用，交通领域的模式创新和产品与服务创新日新月异，如"嘀嗒拼车"同时满足了"基于移动互联网的出行"与"绿色交通"两大政策方向等。

第11章　"互联网＋绿色生态"

"互联网＋绿色生态"是《指导意见》确定的重点内容之一。其实这些年生态领域运用互联网技术谋发展的案例越来越多，如"瑞祥模式"与"循环经济"之缘、光明米业打造粮油产业"航母"、海南生态软件园成"互联网＋绿色引擎"等。顶层设计的"互联网＋绿色生态"必将推动互联网与生态文明建设深度融合。

第12章　"互联网＋人工智能"

继移动互联网之后，人工智能的浪潮开始掀起，新一轮技术革命风暴已经到来，中国顺势而为，顶层设计的《指导意见》也将"互联网＋人工智能"列为重点计划。事实上，很多科技公司已经开展了人工智能"军备竞赛"，智能餐桌、智能化的小米手机等产品也已经出现。我们有理由相信：人工智能在未来10年乃至更长时间有望成为焦点。

第 01 章 综述

目前，我国互联网基础日趋坚实，正成为经济社会发展的新引擎。《关于积极推进"互联网＋"行动的指导意见》是党中央、国务院在深刻认识和准确把握互联网发展规律的基础上，立足国情、统筹全局、高屋建瓴，对互联网与经济社会融合发展做出的重大战略部署和顶层设计，具有划时代的重大意义和深远的历史性影响。

顶层设计，经济领域的全面覆盖

2015 年 7 月 1 日，新华社授权发布国务院《关于积极推进"互联网＋"行动的指导意见》（以下简称《指导意见》），明确未来 3 年以及 10 年的发展目标，提出包括创业创新、协同制造、现代农业、智慧能源等在内的 11 项重点行动，并就做好保障支撑进行了部署。

√11 项重点行动计划涉及的领域

《指导意见》部署了互联网＋创业创新、互联网＋协同制造、互联网＋

现代农业、互联网+智慧能源、互联网+普惠金融、互联网+益民服务、互联网+高效物流、互联网+电子商务、互联网+便捷交通、互联网+绿色生态、互联网+人工智能11项重点行动。这些行动计划既涵盖了制造业、农业、金融、能源等具体产业，也涉及环境、养老、医疗等与百姓生活息息相关的方面。

这些领域事关经济发展全局，比如在"互联网+协同制造"行动中，《指导意见》提出，提升制造业数字化、网络化、智能化水平，在重点领域推进智能制造、大规模个性化定制、网络化协同制造和服务型制造，打造一批网络化协同制造公共服务平台，加快形成制造业网络化产业生态体系。我国是制造业大国，也是互联网大国，互联网与制造业融合空间广阔。该项计划将推动生产制造模式变革和产业组织创新，智能制造将成为新型生产方式，制造业服务化将成为产业发展新趋势。

尤其值得关注的是，"互联网+"不仅限于经济领域，还将通过与公共事业和生活服务业的融合切实改变人们的生活。比如在"互联网+益民服务"行动中，《指导意见》提出，推广在线医疗卫生新模式，促进智慧健康养老产业发展，探索新型教育服务供给方式。此项行动全面覆盖与广大人民群众日常生活密切相关的重要领域，发展电子政务、便民服务、在线医疗、健康养老、网络教育，成为发挥互联网优势以改进民生服务的新途径。此外，"互联网+便捷交通"将促进公共交通服务效率、治理能力大幅提升；"互联网+绿色生态"将构建面向循环经济的绿色发展新模式。而降低行业进入壁垒、加强融合监管等保障举措将进一步促进互联网与民生领域的深度融合。

√顶层设计"互联网＋"将催生经济新格局

分析人士认为，这一顶层设计将加快推进"互联网＋"的发展，有利于形成经济发展新动能，催生经济新格局。

《指导意见》提出，到 2018 年，互联网与经济社会各领域的融合发展进一步深化，基于互联网的新业态成为新的经济增长动力，互联网支撑大众创业、万众创新的作用进一步增强，互联网成为提供公共服务的重要手段，网络经济与实体经济协同互动的发展格局基本形成。

具体而言，这一目标体现在四个层面：在经济层面，互联网在促进制造业、农业、能源、环保等产业转型升级方面取得积极成效，基于互联网的新兴业态不断涌现，电子商务、互联网金融快速发展；在社会层面，健康医疗、教育、交通等民生领域互联网应用更加丰富，公共服务更加多元；在基础设施方面，网络设施和产业基础得到有效巩固；在发展环境方面，互联网融合发展面临的体制机制障碍得到有效破除，公共数据资源开放取得实质性进展。

关于"互联网＋"的 10 年发展目标，《指导意见》提出，到 2025 年，网络化、智能化、服务化、协同化的"互联网＋"产业生态体系基本完善，"互联网＋"新经济形态初步形成，"互联网＋"成为经济社会创新发展的重要驱动力量。

适应国情，顺势而为的行动纲领

21 世纪以来，互联网在经济社会中的地位日益凸显。作为基础性、战略性、先导性产业，互联网是提高生产力和综合国力的核心支撑力，事关国家当前和长远发展。世界各国特别是发达国家基于互联网融合创新的全面部署与加速应用，极有可能重塑全球经济结构、重构国际竞争规则、转换产业角逐主赛场。我国互联网处于大发展、大融合、大变革的历史阶段，不仅是战略性新兴产业的关键领域，而且是大众创业、万众创新的网络基础和支撑，还是优化经济结构、转变增长方式、推动社会发展、促进改革创新的重要力量。

√顺应互联网演进规律的客观要求

《指导意见》立足发展实践，突出时代特征。作为通用目的技术（GPT），互联网技术创新活跃，学科交叉密集，跨界渗透广泛，融合变革深刻。新一代深度感知、高速传输、海量存储和智能处理等技术不断取得突破性进展并得到广泛应用。移动互联网、物联网快速发展，万物互联蓄势兴起，网络数据爆炸性增长，涵盖人民生活、企业生产、公共服务和政府管理等方面。互联网由浅层次的工具产品转向连接一切的国家关键基础设施，融合创新的物理效应、化学效应、放大效应迸发，异彩纷呈。技术进步对经济增长的贡献率不断提高。如同百年前的电力革命，互联网正深刻改变着传统的生产方式、消费方式、商业模式和管理模式。基于互联网的规模经济、范围经济、长尾经济蓬勃兴起，气势宏伟。《指导意见》体现了认识与实践的统一、量变与质变的统一。

√抢占全球竞争制高点的战略选择

《指导意见》紧随变革大势，着眼世界大局。当前，围绕数字竞争力的全球战略布局全面升级，塑造国家线上线下融合发展的综合新优势，掌握全球经济竞争主导权的国际竞争加剧，这一轮产业革命的实质是抢占以互联网为载体的产业新生态。美国发布《先进制造战略》，在交通、能源、航空、铁路、医疗、安全等领域强化工业互联网技术应用。继"工业 4.0"战略后，德国推出《2014～2017 年数字议程》，意在打造具有持久竞争力的数字强国。国务院 2015 年 5 月初颁布《中国制造 2025》，明确指出互联网是实施制造强国战略的关键要素。《指导意见》提出"互联网 + 协同制造"，彰显工业乃立国之本、兴国之器、强国之基。通过"互联网 + 电子商务、高效物流"等，促进现代生产性服务健康发展，为工业转型提供保障。

√ 引领经济发展新常态的现实需要

《指导意见》着力创新驱动，适合中国国情。中国经济进入新常态，要平稳度过新旧产业和动能转换期，需要强劲有力和恒久持续的支撑力量。抢占经济制高点，促进大众创业、万众创新，提升公共服务水平，必须走互联网融合创新之路。党中央、国务院高度重视以互联网为代表的新一代信息通信技术的发展运用，近几年相继出台了宽带中国、信息消费、物联网、云计算、集成电路等战略指导性文件，产业环境不断优化。以互联网为主导的信息经济市场规模大、增长速度快、发展质量好、就业渠道广。中国信息通信研究院理论测算结果表明，2014 年我国信息经济总量达 16.2 万亿元，同比增长 21%，占 GDP 比重超过 26%，已成为拉动 GDP 增长的主要力量。但与发达国家相比，我国信息经济占 GDP 比重依然较低，未来增长的空间大，后劲足。《指导意见》将进一步激发市场蕴藏的巨大活力，大幅提升我国信息经济发展水平。

战略协同，紧扣主题的关键举措

中共十八大以来，党中央、国务院先后提出创新驱动发展、网络强国和制造强国三大战略。《指导意见》是从互联网视角对经济社会重要领域的融合发展进行的战略部署，是推动三大战略协同发展的关联纽带，更是推进"四个全面"战略布局、实现"两个一百年"宏伟目标的关键驱动力量，利在当前、功在长远。

√《指导意见》与网络强国战略相辅相成

习近平总书记在中央网络安全和信息化领导小组第一次会议上明确提出网络强国战略，这是新时期统筹推进网络安全和信息化工作的顶层设计。网络强国战略包括核心信息技术研发及应用、提升信息服务水平、完善信息基础设施、建设高端人才队伍、拓展全球治理合作等重大任务。《指导意见》提出巩固网络基础、做实产业基础、保障安全基础、拓展海外合作、加强智力建设等保障支撑措施，是网络强国战略的具体落实。《指导意见》对网络提出更高要求，如工业互联网要具备高可靠、低时延、大容量、广覆盖等新性能；自主技术设备要支撑"互联网＋"的各项应用；安全保障手段要覆盖产品全生命周期、嵌入生产全流程等。《指导意见》的实施将全方位提升我国信息通信业基础设施的技术产业和应用水平，必将加快网络强国建设进程。

√《指导意见》与制造强国战略交织并进

《中国制造 2025》是我国实施制造强国战略的第一个十年行动纲领，以加快新一代信息技术与制造业深度融合为主线，以推进智能制造为主攻方向，目标是推动我国从制造业大国向制造业强国转变。《中国制造 2025》的核心内容是五大工程和十大重点突破领域，智能制造是《中国制造 2025》和《指导意见》的战略制高点，基于互联网、物联网构建信息数据链，是实现智能制造的关键基础和支撑。《指导意见》提出的"互联网 + 协同制造"，与《中国制造 2025》紧密呼应，突出强调并细化了互联网在制造业中的融合和变革作用，提出发展智能制造、大规模个性化定制、提升网络化制造水平、加速制造业服务化转型四大方向，加强工业互联网建设布局。

√《指导意见》与创新驱动战略同源共长

中共十八大提出实施创新驱动发展战略，推动发展更多依靠创新驱动。国务院发布《关于深化体制机制改革加快实施创新驱动发展战略的若干意见》，强调要破除一切制约创新的思想障碍和制度藩篱，营造大众创业、万众创新的政策环境，激发全社会创新活力和创造潜能。互联网不仅是创新驱动的典范，还是带动其他领域创新发展的基础支撑和突破口。《指导意见》提出了"创业创新"专项行动。其他 10 个行动都明确提出融合型新技术、新产品、新模式和新业态的发展方向，鼓励支持创新驱动，促进互联网平台新经济成长壮大。《指导意见》着力突破融合发展面临的法律、监管、体制机制约束，将为创新驱动发展战略的实施奠定良好的基础。

融合变革，提纲挈领的发展指南

"互联网＋"强力支撑经济转型，有力提升公共服务水平，大力促进创业创新。《指导意见》提出了11个互联网融合发展的重点领域，这些领域不仅涉及面广，而且是互联网能够发挥关键作用的领域。《指导意见》从夯实发展基础、构建包容环境、开拓国际市场等多方面突出保障措施，加快形成"需求拉动、创新驱动、产业带动、政企互动"的"互联网＋"发展新格局。《指导意见》体现了全局统筹与重点突破相统一，线下发展与线上融合相统一。

√布局经济重要领域，促进提质增效升级

互联网与经济领域的融合，可显著提高生产运行效率、降低经营流通成本、破解资源要素制约。《指导意见》覆盖面广，"互联网＋"协同制造、现代农业、智慧能源、普惠金融、电子商务、高效物流六大专项行动，涉及国民经济三大生产领域和现代生产性服务业。每个行动充分考虑了行业属性、所处阶段和融合水平的差异性，针对传统产业，重在转型升级，如制造业、农业、物流等。针对成熟度高的新兴业态，重在深度拓展，如电子商务向农村电商、跨境电商、产品溯源延伸。针对尚处于起步期的新领域，重在鼓励扶持，破除进入壁垒，营造创新发展环境，增强市场动力，如智慧能源、普惠金融等。

√着力改进民生服务，增进人民生活福祉

保障民生和改善民生，是复兴之本、梦想之基。互联网与公共事业、生活服务的融合创新，有利于优化资源配置、丰富服务内容、有效提升服务水平。"互联网＋益民服务"全面覆盖与广大人民群众日常生活密切相关的重要领域。发展电子政务、便民服务、在线医疗、健康养老、网络教育，既是发挥互联网优势改进民生服务的新途径，也是全面建设小康社会的根本要求。"互联网＋便捷交通"将促进公共交通服务效率、治理能力大幅提升。"互联网＋绿色生态"将构建面向循环经济的绿色发展新模式。此外，降低行业进入壁垒、加强融合监管等保障举措将进一步促进互联网与民生领域的深度融合。

√激发创新创业活力，建设创新型国家

习近平同志曾经明确指出："唯改革者进，唯创新者强，唯改革创新者胜。"科技是国家强盛之基，创新是民族进步之魂。互联网推动创新要素和创业资源的聚集、开放和共享，成为创新驱动发展的先导力量和促进大众创业的新平台。《指导意见》提出 11 个专项行动，均以互联网融合创新作为关键要素，既是提升实力、引领未来的要求，也是加快建设创新型国家的要求。"互联网＋创业创新"是各项行动之首，强化创业创新支撑、积极发展众创空间、促进开放式创新，打造活跃宽松、充满生机的创业创新环境，意义重大。智能化是互联网融合创新的主要特点，也是产业转型升级、提升核心竞争力的重要支撑，"互联网＋人工智能"重点推进人工智能核心技术突破和在经济社会各个领域的推广应用。《指导意见》提出的行动方向重在近期，面向 2018 年，通过创新引领，推进协同共享的新经济体系建设，以重点带动

全局。《指导意见》提出了 2025 年发展目标，在"互联网＋"创新发展的驱动下，网络化、智能化、服务化、协同化的"互联网＋"生态体系基本完善，新经济形态初步形成，体现了近期目标与远期目标相统一。

贯彻落实，包容协同的根本要求

自 2015 年"两会"期间"互联网＋"行动计划被提出以来，得到社会各界的高度关注，政府与互联网企业签署战略合作协议的热潮涌起，"互联网＋"全面提速。《指导意见》的实施是一项庞大而复杂的系统工程，要充分发挥企业在市场中的主导作用和政府的引导作用，形成统筹协调、包容创新、活泼有序的良好局面。

√深化改革，营造包容有序的发展环境

针对发展"互联网＋"所面临的问题，政府需积极听取民意，在博弈中加强协调，权衡各方求同求进，改革创新，去除沉疴积弊，从管理者转向服务者。政府除推动融合标准制定、社会征信体系完善、法律法规建设、产业能力提升、财税金融等支撑环境建设外，落实重点在三方面。一是营造包容有序的监管环境。"互联网＋"的矛盾性普遍存在，但不同领域又有其特殊性。政府应抓住主要矛盾，逐步破除行业壁垒，放宽融合性产品和服务准入限制，推广负面清单，扩大市场主体平等进入范围。简政放权，推进商事制度改革，提高工商注册服务效率。维护公平市场竞争秩序，加强融合业务协同监管，提升依法依规管理水平，以开放包容的态度鼓励创新发展。二是开

放公共数据。丰富公共产品和服务供给是"双引擎"的组成。政府应推动交通、教育、医疗等公共数据资源开放共享，发挥市场主体优势，促进互联网与公共服务融合。优化资源配置，使公众享受到更公平高效和优质便捷的服务。三是加强重要领域的引导扶持。事关产业发展全局的战略性变革，若依靠市场力量难以形成具有竞争力的产业新生态，政府要大力引导和支持，避免碎片化发展。《指导意见》提出了实施重大工程、试点示范等计划，地方政府要加快制定地方性指导意见，支持地方企业重大工程建设，积累先进经验，加快全国推广普及。

√市场导向，务实推进互联网融合进程

企业是实施"互联网＋"的主要载体和践行者。产业变革大潮中，具备线上线下生态整合能力的数据驱动型、平台经营型企业将快速崛起并跃升为产业领导者。传统企业面临的挑战更为艰巨，融合发展意愿和诉求尤为迫切。企业应结合自身基础和优势，准确把握融合创新态势和重点方向，加快创新变革和转型发展。

互联网企业和基础电信企业应致力于打造"互联网＋"产业生态圈。一是夯实网络基础。加快新一代宽带基础设施的建设和应用，提高泛在海量接入能力、弹性资源服务能力和网络安全保障能力。积极布局工业互联网相关基础设施和平台建设，开拓转型发展新空间，助力制造强国建设。二是发展平台经济。提升面向各行业的业务平台服务水平，开放平台能力，培育壮大细分领域生态系统，为中小微企业提供创新创业的网络环境。三是拓展业务范围。发挥网络技术和用户集聚优势，把握时机，切入公共服务和相关领域、行业，丰富网络应用解决方案，优化盈利模式，加快融合创新业务的普及。

传统工业企业落实"互联网＋"，既是广泛采用互联网技术提质增效的

过程，也是基于平台数据驱动，进一步优化甚至重塑企业价值链、生态链的过程。企业重点在两个方面推进"互联网＋"：一是夯实线上基础。通过自主建设、收购兼并、结盟合作等方式，构建连接生产与管理各个环节的网络基础设施、数据链及信息系统。结合研发创新、营销服务、生产制造和产业链协同等新需求，利用互联网新技术，从易到难、由浅入深，分阶段、分层次推动企业网络化和数字化水平，并加快向智能化迈进。二是推动组织变革。《指导意见》提出了产品溯源、个性化定制、柔性生产等很多传统领域融合发展的方向。适应新商业基础环境和产业变革趋势，传统企业需在创新模式、商业模式、生产方式、组织机构、人才结构等方面进行深度变革、调整，打造新经济形态下的转型升级新优势。

第 02 章 "互联网＋创业创新"

"互联网＋创业创新"是《指导意见》中11项重点行动的第一项。其实从中央提出"互联网＋"行动计划以来，就有大量企业和个人加入这一活动。这里通过嘉兴市"两创"中心建设、龙润集团战略升级、个人创客事业三个案例，分别展示了政府创新扶持、企业转型升级、个人积极参与的时代热潮。

"互联网＋"促进"大众创业，万众创新"

李克强总理在2015年"两会"期间的《政府工作报告》中，38次提到"创新"，13次提到"创业"，2次专门提到"大众创业，万众创新"。2015年7月1日新华社授权发布的《指导意见》中11项重点行动，"互联网＋创业创新"被列为第一项，可见"大众创业，万众创新"的重要性。

事实上，正是在"互联网＋"的形势下，"大众创业，万众创新"才有了鲜明的时代特点，并借助"互联网＋"这一东风，如火如荼地在中华大地上开展起来。简单来说，我们可以从"大众创业，万众创新"的背景、内涵和重点三方面来分析和理解。

√ "大众创业，万众创新"的背景

从国际上看，一方面，国际经济情况不容乐观，世界经济发展放缓，国际经济形势不稳定，国际市场需求减弱，传统产品国际竞争压力进一步增大，因此，我们必须增加国内市场需求来促进经济稳定发展，这样，通过"大众创业，万众创新"来激发国内市场需求就成了必然的选择。另一方面，国际市场需求增加，对产品本身的质量、技术含量和使用效能要求增加，对创新技术和创新产品的需求增加，因此，这也必然要求我们通过"大众创业，万众创新"来创造出新的技术、新的产品和新的服务，从而稳定和增加我国产品在国际市场的需求及份额。

从国内来看，一方面，经济下行压力还在加大，国内市场需求有待进一步开发，经济发展环境"硬约束"进一步加强，那么，我们就必须走集约发展、高科技含量发展、高附加值发展的道路，因此，我们必然要通过"大众创业，万众创新"来推动经济的转型发展。另一方面，要全面深入推进深化改革，就必然要通过增强经济内生动力来支撑和促动体制和机制改革，因此，我们必然要通过"大众创业，万众创新"来增强全面深化改革的动力和活力。

√ "大众创业，万众创新"的内涵

"大众创业，万众创新"的目的是推动经济良性发展。李克强总理说：打造大众创业、万众创新和增加公共产品、公共服务"双引擎"，推动发展调速不减势、量增质更优，实现中国经济提质增效升级。一方面，只有通过万众创新，才能创造出更多的新技术、新产品和新市场，也才能提高经济发展的质量和效益。另一方面,只有通过大众创业,才能增加市场主体,才能增加市场的动力、活力和竞争力,从而成为经济发展的内在源动力引擎。

"大众创业"与"万众创新"是相互支撑和相互促动的关系。一方面,只有"大众"的勇敢创业才能激发、带动和促动"万众"关注创新、思考创新和实践创新,也只有"大众"创业的市场主体才能创造更多的创新欲求、创新投入和创新探索。另一方面,只有在"万众"创新的基础上才可能有"大众"愿意创业、能够创业、创得成业,从某种意义上讲,只有包含"创新"的创业才算真正的"创业",或者说这种创业才有潜力和希望。

√ "大众创业,万众创新"的重点

进行"大众创业,万众创新",需要掌握实施重点,并从以下三个方面来推进这一计划:

(1)重点打通科技成果转化通道。科学技术要转化成生产力,关键是促进"万众"的创新用于"大众"的创业,这就要求我们减少对创新转化的限制,加强创新转化的对接,增强创新转化的活力,因此,我们就必须打通科技成果转化渠道,鼓励各式各样的创新,直接用于创业,合作参与创业,转让促进创业等。进一步来看,促进科技成果转化的关键在于激励人们主动创造新成果和愿意转化新技术。因此,我们要加快科技成果使用处置和收益管理改革,扩大股权和分红激励政策实施范围,完善科技成果转化、职务发明法律制度,使创新人才分享成果收益,从而促进科技人员愿意创新、愿意创业、愿意转化。正如李克强总理所说:"着力打通科技成果转化通道,扩大中关村国家自主创新示范区试点政策实施范围,推进科技资源开放共享,科技人员创新活力不断释放。"

(2)重点引导新兴科技产业发展。新兴产业是先进生产力的代表,是高科技创新的前沿,是高附加值创业的重点。因此,我们要重点支持扶持新兴科技产业的发展,引领万众向高科技方向创新,带动大众向高科技新兴产业上创业汇聚,从而促进我国经济深层次的转型升级。正如李克强总理所说:"要实施高端装备、信息网络、集成电路、新能源、新材料、生物医药、航空发动机、燃气轮机等重大项目,把一批新兴产业培育成主导产业。"

(3)重点推进各项产业"互联网化"发展。信息化是当今时代的突出特点,互联网已经成为人们生产和生活的重要组成部分,这就要求我们各项产业要适应"互联网化"的时代,更要求我们各项产业要与互联网主动地、广泛地、深度地结合,在"互联网化"发展中创造更多更大的经济和社会价值。正如李克强总理所说:"制定'互联网+'行动计划,推动移动互联网、云计算、大数据、物联网等与现代制造业结合。"

嘉兴市部署推进"两创"中心建设

2014年以来,"两创"(大众创业,万众创新)中心建设在嘉兴市如火如荼地进行。2015年6月上旬,嘉兴市召开全市工业园区"两创"中心建设现场推进会,交流先进经验,部署下一步发展。据悉,嘉兴市部署推进总规划面积达1300万平方米的"两创"中心建设,目前累计竣工966.4万平方米,使用面积729.7万平方米,企业入驻率达74%。近期,嘉兴市工业园区建设领导小组筛选确定了嘉兴精密机械创业创新中心等17个创业创新中心作为嘉兴市级首批"两创"中心培育对象,激发工业园区发展新活力。

√ "两创"中心建设步入快车道

据了解,按照"两创"中心建设标准,嘉兴市筛选确定的 17 个基础条件较好的创业中心包括嘉兴精密机械创业创新中心、嘉兴光伏科创园、秀洲毛衫制造业科技园、大舜服装辅料创业园、海宁家纺城科技产业园等。这 17 个"两创"中心总规划面积 5161 亩,规划总建筑面积 475 万平方米,计划总投资 125.5 亿元。目前,已累计建成 95 万平方米,其中 8 个"两创"中心已完成一期项目的竣工和交付使用,有 223 家企业入驻,2014 年产值 8.9 亿元。

嘉兴市将根据"公共性、集聚集群、集约高效和绿色低碳"等原则,统筹谋划、全面规划,尽快建设一批规模大、配套全、品位高、服务优、项目承载力强的"两创"中心。政府将在土地资源配置等方面予以支持和倾斜,同时将创新其开发建设模式,鼓励民间资本和各类社会投资主体参与建设"两创"中心。

加快推进"两创"中心建设,有利于完善市镇工业园区的开发模式,激发各类社会资本的创业创新热情,促进要素资源集约节约和高效利用,为产业结构调整和质量效益提升提供有力支撑。嘉兴市 2015 年将规划一批、推进一批、提升一批"两创"中心,努力实现建设投资 20 亿元以上,标准厂房竣工 62 万平方米以上,建成认定一批市级"两创"中心。通过实施"退低进高"、"两创"中心建设、绩效评价倒逼转型、加大基础设施建设,嘉兴市工业园区转型发展步伐明显加快,综合绩效逐步提升。

√ 致力于实现多重升级目标

占地 92 亩的科创园区内,一幢幢标准厂房错落有致,软硬配套功能齐全，29家初创小微企业入驻其中，2014年，12家企业发展为"规上"，实现总产值4.8亿元……位于桐乡市崇福镇的金鑫皮草科技创业园是一个典型的创业创新中心，服务于皮草行业创新型中小微企业集聚发展，以此构建产业发展新优势。

桐乡市把"两创"中心建设作为园区二次开发的重要抓手和载体，并依托"互联网＋"，着力打造以众创空间为代表的"两创中心2.0"版，为大众创业、万众创新搭建优质平台。以2013年建成的金鑫皮草科技创业园为例，该园区统一规划、设计、建设，为皮草行业初创小微企业提供规范化、标准化的生产经营场所，引导有做大愿望的小微企业向科创园集聚，并为入驻企业提供办证、融资、委托培训、委托研发、检验检测、物业管理、法律咨询等相关配套服务。一批科技含量高、成长性强的创新型中小微企业在"两创"中心茁壮成长。入驻企业之一的宇航皮草，进园后发展迅速，2014年销售额近2000万元，产品出口日本、美国、英国、意大利等国家，2015年计划继续扩大规模，向规模以上企业挺进。

"两创"中心也成为引领产业转型升级的强劲动力。如桐乡大麻家纺"两创"中心，占地130亩，建设标准厂房48幢，引导家庭作坊"小升规"、"个转企"，改变以往环境污染重、安全隐患大、技术力量弱的现象，促进了整个家纺产业转型升级。

工业园区是嘉兴市工业经济的主战场，"两创"中心建设是推进工业园区"二次创业"转型发展、打造工业园区升级版的重要载体。嘉兴市自2014年起开始多措并举推进工业园区转型发展，其中一个重要举措就是大力推进"两创"中心建设，即在工业园区中规划建设科技型中小企业和"专、精、特"小微企业集聚发展的创业创新中心，以此推进工业园区形象升级、功能升级、产业升级、管理升级。

　　为实现多重"升级"目标，嘉兴市对创业创新中心设置了更高的门槛。2015 年 5 月 22 日发布的《嘉兴市创业创新中心认定与管理办法》就对"两创"中心设置了不少"硬杠杠"，如占地面积原则上达到 100 亩以上，容积率原则上应在 1.5 以上，主导产业集聚度达 70% 以上，配套建设较完善的公共服务平台，入驻科技型企业占比达到较高比例，亩均税收等工业企业绩效水平高于全市平均 50% 以上，建筑应用新能源、新墙材，污染物达标排放等。

　　借助"互联网 +"的东风，嘉兴市在实施"大众创业，万众创新"计划方面走在了前列。

共享经济思维助推龙润集团战略升级

　　龙润集团是茶叶领域的第一个上市品牌，中国驰名商标盘龙云海是龙润集团旗下的第一个集团公司。龙润集团的盘龙云海积累了线下渠道，之后申请并拿到了中国西南区第一个直销牌照。全民"互联网 +"时代来了，龙润集团便顺势而为，重新变革渠道，成为中国最早涉及微商转型的大型集团公司。值得注意的是，龙润集团所做的不是"互联网 +"，而是" + 互联网"。

　　√互联网时代的创业创新和共享经济思维

　　2015 年 5 月初，龙润集团正式推出"全员开店"计划，即龙润集团、理想集团全体领导以及每一位员工将一起创业开店。此外，龙润集团的高层还将有赞"全员开店"视为渠道变革与升级的风口。据了解，有赞"全员开店"是为企业量身定制的微电商解决方案，旨在让每一个员工开店销售公司的产品。目前该系统已经上线发布，注册资本大于 500 万元，并且员工数量大于 500 人的企业均可上有赞"全员开店"。如此一来，企业就轻松拥有了一支全员销售军团，每个员工都可以成为一个独立的媒体及互联网零售入口，这顺应了去中心化的商业趋势。

龙润集团已经有 8000 多人开店，单店最高周营业额 4400 元，平均店铺周营业额 535.6 元。龙润集团全体员工积极动员亲朋好友推荐和销售小店的产品，积极把全员开店项目推广到朋友圈及各大社交平台，实现真正意义上的"全民创业，万众创新"。而龙润集团通过有赞微小店以最低的成本、在最短的时间里顺利实现了移动电商的整体布局，其线上和线下对接的 O2O 模式也悄然提速。

√龙润集团的未来规划

未来，龙润集团还准备采取如下措施：

（1）供货阶梯价。不同分销商享受不同的分销供货价，比如，普通分销商 8 折，高级分销商 7 折，VIP 分销商 6.5 折。

（2）销售返佣。一个周期内单个分销商成交金额达到预先设定的门槛，可获得返佣。比如，一个分销商享受 8 折供货价，本周内成交超过 2000 元，龙润微商城将设定的 5% 返佣比例给分销商进行二次激励。

（3）邀请开店奖励。比如，分销商 A 在进行自身店铺经营的同时，通过龙润商城提供的邀请码、二维码邀请朋友 B 一起开店，如 B 经营的店铺有成交，分销商 A 将获得龙润微商城的邀请开店奖励。

可以看出，龙润集团正在经历向全渠道转型的历史性时刻，正确地把"互联网＋"理解成"＋互联网"，通过创业、创新"＋互联网"的共享经济思维，真正把企业中每人手上闲置的、价值很低的碎片资源通过互联网汇聚起来，变成巨大的商业力量，将万众创业推向新的高度。

未来，龙润集团内部组织将会趋向扁平化，小组织会越来越多，协作也越来越多，把员工与企业之间的关系变成合伙人关系。

"互联网＋"下的三个创客事业样本

自从国家推出"互联网＋"行动计划，鼓励"大众创业，万众创新"，引发了巨大的市场热潮，一个个创业者爆发出无限潜能。这里选取许单单、王锐旭、杨仁斌三位创客，介绍他们在"互联网＋"搭起的时代舞台上尽情书写的人生传奇。

√许单单的样本："生命不息，折腾不止"

"生命不息，折腾不止"，用印在 3W 咖啡馆杯子上的这句话来形容许单单再合适不过。许单单在创业圈小有名气，他与伙伴开创的 3W 咖啡馆博得了 100 多位互联网"牛人"的支持，成为中关村的创业地标。

然而，咖啡馆运营中的一个现象引起了许单单的注意。他发现许多互联网公司招不到合适的人，同时在很多招聘渠道中，互联网专业人才并未得到充分重视。据他的调查显示，互联网行业每 2.5 个职位需求只有一个人才供给，六成职位招不到人。

2013 年，许单单带领团队开始了第 N 次创业，组建了"拉勾网"，专注互联网行业的人才招聘。他和伙伴们认为，"拉勾网"应当是"有温度的公司"：接到求职者简历后，必有回复，回复时间最快为24小时。他说："互联网行业应该以人才为中心，所以我们换位思考，尽可能让求职者感觉舒服。"

"拉勾网"快速成长：上线13个月后，获得2500万美元的B轮融资，估值达1.5亿美元；2015年5月，许单单将招聘领域拓展到金融板块；网站迄今已拥有6.6万家公司、超过73万个职位需求信息。

2014年，"拉勾网"运用"互联网＋"的方式，解决了150多万人次的就业问题。2015年5月，李克强总理前往中关村创业大街考察时，"拉勾网"向他交出了一份"互联网＋招聘"的创客答卷。

许单单的成功，说明互联网带给中国年轻人的想象空间很大，浪潮已经开始，再过两三年，一定会有非常"牛"的公司诞生在这些年轻创客手中。

√ 王锐旭的样本：互联网为大学生创业开阔了视野

王锐旭是"兼职猫"的创始人，其宗旨是消除用人单位与大学生之间的信息不对称，帮助大学生找到兼职。如今，公司估值已超亿元。这条创业路，缘于王锐旭的一次被骗经历。

1990年出生的王锐旭读大学期间，由于家庭经济困难，不得不四处找兼职。有一次，他听信一家兼职中介的宣传，觉得只要交了钱就可以找到兼职，结果被骗了250元会员费。

很多大学生都有同样的经历。为什么不能有一款软件来帮助大学生找到兼职呢？王锐旭开始了"互联网＋校园信息服务"的探索。

9个人用两个月时间创立了"兼职猫"，对王锐旭而言，这是跨专业的探索，读中药资源开发专业的他并不擅长软件开发，不得不起早贪黑研究编程。当时他们的处境很艰难，但他们坚持下来了，并通过比赛拿到很多奖。慢慢地，整个学校都知道"兼职猫"了，师生们都对他们竖起了大拇指。

2014 年"兼职猫"获得深圳创新谷 100 万元投资，2015 年初又获得 300 万美元融资。目前，"兼职猫"已覆盖全国 75 个城市，拥有 200 多万名学生用户和 3 万多个企业用户，每天提供 2 万个新增兼职岗位，并为 1 万多名大学生找到了兼职。

王锐旭成了年轻创业者的榜样。看来，"互联网＋"为大学生创业开阔了视野，带来了无限可能。

√杨仁斌的样本：用互联网思维把温暖送给邻里

每次陪女儿在小区内玩耍，看到孩子们自然而然地分享玩具，初为人父的杨仁斌都感慨不已。他强烈地意识到，自己有责任呵护好孩子们的天性。但他发现，小区中的成年邻居几乎从不打招呼。想到女儿将在一个缺乏人情味的社区一天天长大，他辗转难眠。

为了女儿，为了解决"高楼冷漠症"，在阿里巴巴打拼多年的杨仁斌毅然辞去高薪职位，创建了一个基于真实小区的移动社区平台"有邻"，宗旨是让邻里不再陌生、让小区生活有爱又有趣。

杭州市的一位老奶奶说，她小时候，大家睡觉都不关门，随便叫一声，就有人到家里来吃饭。如今，林立的高楼锁住了人情。老奶奶的女儿帮她在"有邻"上开通了工作室，老奶奶做了美食，就到上面"晒一晒"，并热情邀请邻居来吃。"老街坊的感觉"重新回来了，老奶奶开心极了。杨仁斌说，"有邻"正试图聚集这样的正能量，让这个社会一点一点地发生改变。

在杭州最早开放的 20 个"有邻"试点小区中，每个小区的"有邻"用户都达到 300 人以上，有的甚至超过 900 人。邻里间的美好故事每天都在发生。

杨仁斌期待有一天，小区生活变成这个样子：空巢老人寂寞了，有邻居上门陪伴；孩子生病了，有儿科医生来到身边；退休老师可以义务辅导学生，发挥余热……总之，互助分享，传递温情。

当下，中国正进入从产品消费向生活服务消费的升级阶段，未来的生活服务将越来越集中于大型购物中心和小区两端。"有邻"通过"互联网＋"创业，不仅改善了邻里关系，同时还具备了巨大的商业潜力。但"有邻"决定3年内不考虑商业模式，只考虑如何给用户创造价值。

邻里间的美好情感，将随着"有邻"这颗小小的种子重新遍布全国，我们会努力使它生根发芽。杨仁斌希望运用互联网思维，将最真实的人情温暖融入邻里关系，为构建和谐社会贡献绵薄之力。

第03章 "互联网+协同制造"

国务院刚刚出台的《指导意见》中有"互联网+协同制造"重点行动，这对中国工业而言意义重大。分析人士认为，如何调动大型企业的互联网化转型积极性，以及如何为互联网与工业融合创新提供技术、标准规范，是落实这一行动的当务之急。其实在中央提出"互联网+"之后，就有不少传统制造企业如尚品宅配、攀钢等在积极拥抱互联网。

"互联网+"给制造业转型发展带来新机遇

随着互联网的迅速发展，其逐步涉及制造业的各个环节和产品生产周期全过程。借助互联网平台，制造企业、市场与用户的互动程度和范围极大扩展，互联网与制造业融合的新模式、新业态层出不穷，正重塑产业组织与制造模式，重构企业与用户的关系。"互联网+"给我国制造业转型发展带来新机遇。

√提高产品和装备的技术含量

信息技术特别是互联网的高渗透性、高带动性、高倍增性和高创新性特征，决定互联网应用过程本身就是与传统制造业产品和装备融合的过程，产生新的科技成果，形成新的生产力，如将传感技术、计算机技术、软件技术"嵌入"产品和装备，实现产品和装备的性能提升和"智能"。

依靠大数据与互联网技术，制造业产品发生了三个转变：从机械产品向智能产品转变、从智能产品向智能互联产品转变、从提供产品向提供基于产品的服务转变。这三个转变使得信息可以在产品、运行系统、制造商和用户之间联通，也使得产品的智能与互联成为可能。如智能汽车，就是在普通汽车的基础上增加了先进的传感器、控制器、执行器等装置，通过车载传感系统和信息终端实现与人、车、路等的智能信息交换，使车辆具备智能的环境感知能力，能够自动分析车辆行驶的安全及危险状态，并使车辆按照人的意愿到达目的地，最终实现替代人操作，可以减少50%~80%的道路交通安全事故。

此外，制造企业在快速开发智能互联产品的同时，也能收集、分析和分享产品内外各环节的大量数据。如大型鼓风机的提供商陕西鼓风机、沈阳鼓风机等都在自己的产品上加装了传感器和在线监测装置，通过互联网络在线实时监控设备运行状况，提供远程服务。

√实现绿色制造

制造业对环境的影响往往是超越空间的，资源、能源的压力，使制造企业在产品从设计、制造、包装、运输、使用到报废处理的全生命周期中，必须考虑对环境负面影响极小，资源利用率最高，并使企业经济效益和社会效益协调优化,即实现绿色制造。

通过充分发挥互联网对海量工业数据等资源的集聚作用,可以提高制造企业用户端设备、产品的运营效率、智能决策和清洁制造水平。一是有助于绿色制造数据库和知识库建设,为绿色设计、绿色材料选择、绿色工艺规划和回收处理方案设计提供数据支撑和知识支撑。二是有助于形成绿色制造集成系统,包括产品和工艺设计与材料选择系统的集成、用户需求与产品使用的集成、绿色制造系统中的信息集成、绿色制造的过程集成等。三是有助于基于知识系统、模糊系统和神经网络等人工智能技术在绿色制造中发挥重要作用,如在制造过程中应用专家系统识别和量化产品设计、材料消耗和废弃物之间的关系,来比较产品设计和制造对环境的影响等。

此外,企业实施绿色制造,需要大量实施工具和软件产品,如计算机绿色产品设计系统、绿色工艺规划系统、绿色创造决策系统、产品生产周期评估系统、ISO14000 国际认证支撑系统等,这将推动新兴绿色软件产业快速发展。

√制造业服务化趋势日渐明显

随着互联网的深入应用和客户成为中心,越来越多的制造业企业不再仅仅关注实物产品的生产,而是涉及实物产品的整个生命周期,包括市场调查、产品开发或改进、生产制造、销售、售后服务、产品报废或回收等。服务环节在制造业价值链中的作用越来越大,许多传统制造业企业甚至专注于战略管理、研究开发、市场营销等活动,放弃或者外包制造活动。制造业企业正在转变为某种意义上的服务企业,产出服务化成为当今世界制造业的发展趋势之一,企业的收入来源也从销售产品转向"销售产品 + 提供服务"获取持续收入。制造业服务化发展有以下三种主要途径:

（1）利用互联网开展远程运维、远程监控等服务。如三一重工已经在设备上增加了通信功能，实现了"服务型制造"，不仅提高了产品附加值，而且实现了从制造产品为主向提供工程承包和远程运维服务的转变。

（2）在推广应用互联网过程中，衍生出信息服务、系统集成、运维服务等一系列专业性服务企业。如远景能源是一家风机制造公司，以智能风机为切入点，转型为一家能源互联网公司，管理着包括北美、欧洲、中国等在内的超过1000万千瓦的全球新能源资产，成为智慧能源。

（3）产生专门为制造企业提供研发设计、生产制造、经营管理、市场销售等服务的各类平台型服务机构。如江苏物联网技术与应用协同创新中心成立智慧农业、智慧交通物流、智慧节能环保、智慧矿山、智慧健康、智慧家居安防、物联网共性技术、物联网标准化、物联网信息安全、物联网产业示范与推广、物联网军事应用等多个分中心，为相关制造企业提供物联网平台服务。

√提升制造业盈利能力

由于全球经济一体化日渐深化，技术转移日益迅速，互联网带来的益处将惠及全球。

工业互联网的数据分析能力，可以帮助铁路运输更好地解决速度、可靠性和运能等挑战。如大秦铁路公司使用工业互联网技术实现了运营优化，在多个机车间实现同步控制，缩短了30%的刹车距离和22%的刹车时间，使运行更安全。

利用工业互联网，航空公司可以收集发动机运转的实时信息，对于出现的任何故障信息提供预警，帮助航空公司更高效地运营和维护。如春秋航空部署了 GE 智能发动机监控诊断技术，2012 年有效预防了计划外发动机拆卸

（UER）和停飞待用（AOG），相当于节省了超过 21 万美元的成本，有力支持了机队保持 95% 的使用率。

√ 给我国制造业发展带来新机遇

互联网与制造业深入融合，新一轮科技革命和产业变革与加快转变经济发展方式形成历史性交汇，以制造业数字化、网络化、智能化为核心技术，信息技术、生物技术、新材料技术、新能源技术广泛渗透，带动几乎所有领域发生了以绿色、智能、泛在为特征的群体性技术革命，给我国制造业创新驱动、转型升级发展带来难得的机遇。

未来时期，我国制造业不仅要维持"用机器生产产品"的世界地位，更要抓住"互联网 +"带来的机遇，对"中国制造"进行全面升级，在技术、标准、政策等多方面实现互联网与"中国制造"充分对接与深度融合。

√ "互联网 + 协同制造" 凸显工业与互联网融合的重要性

刚刚出台的《指导意见》指出，"互联网 + 协同制造"推动互联网与制造业融合，提升制造业数字化、网络化、智能化水平，加强产业链协作，发展基于互联网的协同制造新模式。

发达国家也在探索"工业"与"互联网"的融合创新，德国称为"工业 4.0"，美国称为"工业互联网"。中国围绕数字竞争力的全球战略布局全面升级，塑造国家线上线下融合发展的综合新优势，掌握全球经济竞争主导权的国际竞争加剧，这一轮产业革命的实质是抢占以互联网为载体的产业新生态。《指导意见》提出"互联网 + 协同制造"，彰显了工业乃立国之本、兴国之器、强国之基的重要地位。

随着大数据、云计算、移动互联网的出现，互联网向企业、产业渗透，支撑工业发展。工业互联网就是把人、数据、机器连接起来，通过海量数据分析，找到改进方向，提高效率与核心竞争力。

互联网与工业融合创新对中国而言至关重要。中国工业门类已基本形成世界上最完整的体系，在世界工业体系占比超过20%，22个工业门类中7个门类位于世界第一。同时，中国互联网规模优势、应用优势显现，用互联网提升工业效能势在必行。

尚品宅配个性化定制，打造中国 C2B 模式

在现代工商业发展史上，C2B模式的大量涌现，是之前从未有过的事件。而被誉为"C2B商业模式的中国样本"的广州尚品宅配家居用品有限公司（以下简称尚品宅配），现在又搭上了O2O的快车。尚品宅配，一个由软件研发公司跨界发展而成的全屋家具定制服务商，仅用10年时间即成就了"C2B商业模式的中国样本"，并被时任广东省省委书记汪洋称赞为"传统产业转型升级的典范"。因为它探索出了移动互联网时代极具创新性的方向和路子，对中国整个制造业都具有极强的借鉴意义。

√消费定制驱动

尚品宅配开始主要从事室内装饰行业、家具行业、建材行业的图形图像软件和应用软件的开发和推广。工作人员将装修方案或者家具定制方案在电脑中做成三维图，销售给装修公司或者家具企业，让后者为客户出具装修设计的效果图。可客户见了都说好的软件产品当时就是没人买单。现在的尚品

宅配之所以备受市场青睐，主要是它们在消费主权时代暗合了当今消费者的个性化需求。在个性化营销的时代，供需双方围绕着蓬勃的个性化需求，有望形成一种新的平衡。尚品宅配做到了，一是由于其信息化软件帮了大忙，二是真正抓住了消费者的需求。

为了准确把握消费者需求，尚品宅配研究了不同消费者在不同生活空间的生活行为。例如，在卧室，处于育儿期的人要给小孩喂奶、换尿布，其生活行为和处于新婚期的人就有很大差别。此外，尚品宅配还研究了不同消费者的审美需求——不同年龄、不同性别、不同教育背景、不同职业的人，审美观也不同。

尚品宅配利用互联网和先进的信息技术，采用柔性生产方式，把消费者被动接受产品转变为主动参与产品的设计、制造过程，提供全程数码服务，最大限度地满足消费者的个性化需求。

√ 三甲 "家居医院"

如果把消费者的个性需求看作是种"病"的话，那么尚品宅配的最大价值不仅是更多地发现了这些"病"，而且更好地治好了这些"病"。所以，尚品宅配总是很乐意将自己比作擅开处方的"家居医院"，而且还是最好的"三甲医院"。

为了更多更好地捕捉海量消费者的个性化需求，尚品宅配不仅有几百家实体店，同时还有专门的电子商务网站，实施"店网一体化经营"。不过，这种"网"不是在网上卖东西，而是先有地面上的几百家实体店，然后再由新居网给予它配合和支持。

在捕捉了更多需求后，如何更好地满足消费者的个性化需求，尚品宅配则花了不少心思。在全屋定制领域，真正的困难在于，面对消费者近乎漫无方向、难以捉摸的个性化需求，如何帮助消费者认识真正的需求。

首先是保证设计质量的问题，尤其是在订单多的时候。尚品宅配在全国有五六千名设计师，保证设计方案是顾客最喜欢的对尚品宅配来说是挑战。尚品宅配还在推动云设计的发展，全国几千名家居设计师可以通过尚品宅配下属新居网的产品库和房型库，利用网络云计算服务，去设计可以匹配不同房型、不同风格的家居空间解决方案。

其次便是"低成本高质量"的量产。通过一系列变革，尚品宅配的日产能力提高了10倍，材料利用率从85%提升到93%以上，出错率从30%下降到3%以下，交货周期从30天缩短到15天左右，同时也由于先下单、后生产而实现了零库存。在资金周转率方面，传统家具企业年资金周转两三次，尚品宅配则可以做到10次以上。

√系统竞争力

尚品宅配在中国家具定制方面能够后来居上，不是靠"核心竞争力"，而是靠"系统竞争力"。即基于前端设计的软件系统、线上线下的多方位体验感受以及生产环节的柔性生产技术等。而这一切又恰好都是信息化和工业化"两化融合"的结果。

传统家具生产经营方式存在库存量大、资金周转慢、附加值较低等缺陷。针对传统生产模式的弊端，尚品宅配大胆改革创新技术和商业模式，把生产技术与信息技术紧密结合起来，采用满足个性化需求的定制化柔性生产技术，把消费者从过去被动地接受产品转变为主动参与产品的设计、制造，实施全程数码设计服务，最大限度地满足消费者的个性化需求。

另外，在互联网时代，人们的消费行为和习惯正在发生巨变，尚品宅配通过基于互联网的实时交易和互动设计系统建立的"新居网"在线服务平台,采集了全国数千个楼盘的数万种房型数据,建立了"房型库"。与此同时,采集了数百家家居企业及数千名第三方设计师的素材,建立了"产品库",通过"云计算和大数据"技术对不同人群在不同生活空间的行为和功能需求进行深入研究,研发出数百万个海量的"空间整体解决方案"的"方案库"。再加上全国 600 多间地面实体体验店以及佛山工厂"大规模定制"系统的无缝连接和全流程信息化,实现了真正的 C2B 和 O2O 商业模式。

总之,尚品宅配在商业模式方面其实就做了一件事——"把少数人的定制变成多数人的生活"。无疑,尚品宅配闯出了一条属于自己的路,不仅正在颠覆整个家具产业,同时也势必会影响整个制造业。尚品宅配真正回归了商业的本质,深度洞悉了消费者的需求,然后结合自身优势,利用信息技术无缝满足这些需求。更重要的是,尚品宅配还在努力。

"互联网+"开启攀钢电商新时代

攀钢与鞍钢于 2010 年重组联合后成了新鞍钢,就是现在的鞍钢集团。2015 年 7 月 1 日,在鞍钢集团的领导和指导下,第三方电商平台的试金石——B2B 积微物联电商平台成功上线。上线 1 天,现货竞价成交 175.71 吨,挂牌产品成交 398.37 吨,实现销售收入 134.96 万元。在"互联网+"国家战略下,攀钢由此开启电商新时代。

√攀钢顺"互联网+"之势而为

攀钢与互联网"混血",诞生出积微物联电商平台,得益于鞍钢集团紧抓"互联网+"国家战略；推进电子商务平台的建设和运行，创新营销管理新模式，得益于攀钢深化改革的决心。

在钢铁行业面临产能过剩、信贷收紧、资金困难的严峻环境下，"互联网+"国家战略为钢铁行业的商业模式变革、钢贸体系重构带来了机遇。国内众多钢厂、经销商、生产商、物流渠道商们不约而同地开始发展钢铁电商。

业内人士分析，钢铁电商出现后，因报价透明、成交透明，终端客户可以在各类平台上找到价格更便宜、距离更近、成交更方便的优质货源，打破了传统钢贸企业"吃差价"的流通格局。"互联网+钢铁"的"生态融合"，将为传统钢铁行业带来转型发展新机遇。

√ 构建 B2B 积微物联电商平台

站在"互联网+"风口上，攀钢顺势而为，按照鞍钢集团将积微物联电商定位为第三方平台，为鞍钢集团未来开展第三方平台运作积累经验的要求，攀钢集团有限公司于 2015 年 4 月 14 日成立达海电商项目领导小组和达海电商项目筹备工作组。5 月 22 日，攀钢集团有限公司通过《达海电子商务项目建设总体实施方案》，6 月 5 日，成都达海积微物联电子商务有限公司注册成立，7 月 1 日，积微物联网成功上线。预计到 9 月 30 日，该平台将全面上线，具备仓单质押等融资服务、风险管控及运营管理等功能，提供钒钛及非钢产品、生活超市、冷链等综合性服务。

目前，积微物联挂牌销售和竞价销售等功能已投入运营，为广大用户提供钢铁信息资讯、现货交易等服务。用户只需轻轻点击鼠标，选择所需产品类型和仓库，就可以找到所需产品，进而下单、结算，与淘宝购物流程一样，通过在电脑上简单的几步操作，即可完成整个钢材的购买过程。

积微物联名称出自"欲王天下，积微速成"，是对攀钢"积微速成"管理理念的诠释，意为善于积累，必成大事。积微物联电商平台主要立足西南市场，结合 O2O 发展模式，以达海物流园为实体支撑，通过建设标准化的仓储管理体系、服务体系和信息化平台，打造"信息平台 + 综合物流 + 金融服务"三网融合的钢铁服务新模式。通过产权、加盟等多种连锁式合作方式吸引钢厂、钢贸商、加工商、物流商入驻共建，提供围绕交易产生的金融、贸易、物流、仓储、深加工等配套增值服务，逐步向供应链两端延伸。

下一步，攀钢将在 B2B 运营成熟后向 B2C 跨界运营，以钢铁电商为依托，探索非钢业务服务模式，最终形成各个产业相互依托、共生、共赢、共享的产业生态圈。

推动"互联网 + 制造业"，先做"减法"

"互联网 +"与制造业结合的道路并非坦途，仍需要全流程再造，围绕"互联网 +"的困惑和争论也从未停止。

互联网经济风头正劲的电子商务领域是传统制造业与"互联网 +"融合的"先锋"，也是争议较为激烈的领域。在中国制鞋业龙头企业康奈集团，由于对互联网认识的不同，父子两代企业家观点也不同。老一代企业家希望专心把质量做到精益求精，而新一代则希望借助互联网定制，完成生产流程的改造。

不少企业负责人认为，不能只看到互联网的"加法效益"，还应认识到其存在"减法效应"。接受记者采访的专家和企业界人士普遍认为，"互联网 +"将助力"中国制造"开辟新天地，要加入互联网思维、警惕互联网泡沫。在具体实施过程中，建议在以下几个方面先做"减法"。

√进一步简政放权，做"权力减法"

2015年6月24日，国务院常务会议通过的《关于积极推进"互联网+"行动的指导意见》提出，清理阻碍"互联网+"发展的不合理制度政策，放宽融合性产品和服务市场准入，促进创业创新，让产业融合发展拥有广阔空间。

多位企业家感慨，随着全面深化改革进程的推进，在转变政府职能、简政放权方面已取得一些进展，但是"互联网+"会催生很多新的生产方式和产业模式，所以政府管理部门也需树立"互联网思维"，对行政审批实行进一步的调整、下放和取消，给企业松绑，为创业提供便利。

√完善法律法规，减少互联网市场环境中的乱象

有企业家指出，与传统制造业相比，互联网经济有快捷、交互性更强等特点，但互联网线上市场商品质量较差、侵权现象突出等问题比较普遍。建议进一步制定和完善针对电商平台的法律法规，根据互联网自身特点来创新监管方式，对线上商品和服务的授权准入、流通交易、监督售后、安全保障等方面加强规范和监管。

√鼓励优胜劣汰，让不适应市场竞争的企业"减员"

多位企业家强调，现在正是调结构的关键期，那些低端的、拼价格的企业日子肯定难过，"互联网+"加速了新一轮"洗牌"，能够适应互联网浪潮的企业会迎来新生，同时要看到，有一些企业缺乏竞争力，主营业务难以为继，试图通过炒作"互联网+"等概念"起死回生"，不能给这些企业"搅

局"的机会。

一些专家和企业界人士认为，在做"减法"的同时，还要相应有一些"加法"。除了给企业创造公平竞争和鼓励创新的良好氛围，还希望能帮助企业突破人才"瓶颈"。多位企业家提出，实施"互联网＋"需要有高技能人才作为支撑，建议相关部门通过定向实训、企业与学校合作办学等方式，培养出更多适应互联网经济的人才。此外，随着"互联网＋"的推进，"机器换人"的力度会逐步加大，对如何安置和分流被替换下来的劳动力，也要早做准备。

第04章 "互联网+现代农业"

随着互联网技术对农业的渗透，互联网与农业逐渐紧密结合起来，尤其是《指导意见》中的"互联网+现代农业"，从对农业的深度改造开始，到颠覆农业的传统营销模式，再到互联网公司跨界进入农业生产领域，将上演一场轰轰烈烈的互联网农业盛宴。所以，"互联网+农业"以及"互联网+现代农业"正在得到实践。

"互联网+农业"，重构传统农业生产方式

早在 2012 年 11 月召开的中共第十八次全国代表大会上，"四化同步"被写入大会工作报告，即在确立城乡一体最终路径的基础上，进一步提出"促进工业化、信息化、城镇化、农业现代化同步发展"，从原来的"三化同步"（三化即工业化、城镇化、农业现代化）到"四化同步"，标志着对信息化和农业现代化关系的认识达到一个新的历史水平，也表明信息化不再只是推进农业现代化的一种技术工具，而是作为一种新型生产力的核心要素融入现代农业产业体系和价值链。在这种背景下，互联网农业已经呈现出方兴未艾

之势。

就目前的实践来看，"互联网＋农业"主要是将互联网技术运用到传统农业生产中，利用互联网固有的优势提升农业生产水平和农产品质量控制能力，并进一步畅通农业的市场信息渠道、流通渠道，使农业的产、供、销体系紧密结合，从而使农业的生产效率、品质、效益等得到明显改善；放眼未来，农业也可能在互联网的影响下走上一条智能化、多样化的发展道路，这将取决于互联网在农业中的渗透程度与实际运用融合程度。

√ "互联网＋农业"：正让农业驶入信息化快车道

凭经验，靠感觉，这种传统的农业生产经营模式正因为互联网的普及而被加速淘汰，大量农民正在运用互联网对自己的生产经营活动做出决策。由于互联网的信息收集优势，大量农业相关的市场信息、产品信息、技术信息、资源信息开始在网上汇集，并出现专业分析，大大方便了农业生产经营决策。中国目前已有4万家农业类网站，演化出综合型、研究分析型、专业集成型、产销对接型等不同定位的农业网站，并进一步呈现加快细分的态势，不仅种植业、畜牧业、渔业、农产品加工等次级行业已经分开，而且每个行业内部也逐渐专业化，玉米、马铃薯、牛、羊、猪等专业网站不断涌现。特别是近几年，农业新媒体开始活跃，微博、微信、手机平台相继出现，农业信息化向纵深挺进。

√ "互联网＋农业"：正为农业现代化装上加速器

互联网的信息集成、远程控制、数据快速处理分析等技术优势在农业中得到充分发挥，3G、云计算、物联网等最新技术也日益广泛地运用于农业生产，集感知、传输、控制、作业为一体的智能农业系统不断涌现和完善，自动化、标准化、智能化和集约化的精细农业深度发展。一些现代化的种养殖基地早已告别传统的人力劳动场景，养殖场管理人员只要打开电脑就能控制牲畜的饲喂、挤奶、粪便收集处理等工作，农民打开手机就能知晓水、土、光、热等农作物生长基本要素的情况；工作人员轻点鼠标，就能为远处的农作物调节温度、浇水施肥。而基于互联网技术的大田种植、设施园艺、畜禽水产养殖、农产品流通及农产品质量安全追溯系统在加速建设，正因为互联网的存在，长期困扰农业的标准化、安全监控、质量追溯问题变得可能与可操作。

√ "互联网 + 农业"：已为农产品销售搭建新平台

利用互联网将产销之间的距离大大拉近，让产销充分对接、消费者与生产者直接见面成为现实中的可能，有利于减少生产的盲目性，扩大销售的视野，有效对抗市场风险。特别是随着电子商务的兴起，农产品流通领域互联网程度明显提高，大部分国家级大型农产品批发市场实现了电子交易和结算；电商又进一步使农产品的市场销售形态得到根本性改变，从最初的干果、茶叶、初加工品网上销售开始，在仓储物流技术和条件不断改善的情况下，生鲜农产品的网上销售也得到了解决，农产品电商规模 2014 年达到 1000 亿元，大量生鲜电商创新案例涌现，出现生鲜电商八大平台，跨境生鲜电商风生水起。与此同时，微博、微信与电商结合推销农产品的成功案例层出不穷，微营销中农产品的身影频频出现。

√ "互联网 + 农业"：将为农业发展方式带来终极煞

互联网在与传统产业的结合中，越来越表现出不甘于配角地位的特征，一步步渗透并最终主导传统产业的发展方式。如果说前面提及的三个方面还只是互联网对农业的介入和改造的话，则近年出现的互联网营销从根本上改变了农业的发展方式，颠倒了一般意义上的"生产—销售"模式，运用大数据分析定位消费者的需求，按照消费者的需求去组织农产品的生产和销售，从而让"农产品不再卖难"在理论上成为可能，也在现实中得到初步的实践，形成了电子商务的 C2B 模式，即消费者对企业。比如，乐视网宣布其有机农业运营上借鉴 C2B 订单销售模式，而在 QQ 农场模式基础上融合预售与电商模式的聚土地项目已经完成第二代升级，大量农业类众筹开始出现，互联网正让农业的生产方式发生根本性转变。

当然，互联网也不是可以在农业领域为所欲为，就像电商并不能改变商业的基本逻辑一样，互联网并不能改变农业的自然属性，但只要遵循经济的、生态的、社会的规律，"互联网 + 农业"，尤其是《指导意见》中的"互联网 + 现代农业"，还会带来更多改变，让人更加期待！

"互联网 + 农业" 的五大流派及未来方向

2015 年，政府制定了"互联网 +"行动计划，各路媒体纷纷大幅播报"互联网 + 农业"，农业正在成为移动互联网的下一个风口，而谁正在或者已经站在这风口上了呢？下面总结五种"互联网 + 农业"的主要流派，点评这些模式的优劣，为后来者提供借鉴。

√资本注入，强势打造新型农产品品牌和影响力

产品缺少附加值一直是国内农业发展中的痼疾，多数农业企业都被成本

与管理压得抬不起头，很少有资源和能力去探索品牌化的成长道路。不过，随着互联网向农业领域的延伸，这些问题都开始得到解决，也出现了如褚橙、潘苹果、柳桃这样的高端农产品品牌，还有三只松鼠、獐子岛等果品、海鲜电商品牌。

更重要的是，一批有实力的互联网企业也大力布局农业，比如网易、联想等，"有钱能使鬼推磨"，何况是既有钱又有想法的互联网巨头。

以联想为例，资料显示，联想控股于 2010 年开始涉足现代农业投资领域，并于 2010 年 7 月正式成立农业投资事业部，2012 年 8 月 9 日佳沃集团正式成立。公司当前聚焦于水果、茶叶等细分领域进行投资，"佳沃"蓝莓每千克定价超过 500 元。目前，佳沃已经成为国内最大的蓝莓全产业链企业和最大的猕猴桃种植企业。联想目前采取的方式，未来肯定是很多互联网公司的道路，通过资本注入和品牌塑造，互联网企业与农产品结合起来，走上农业产业化的新道路。不过，这样的道路也许只适合大型互联网公司，特别是屈指可数的这些国内 IT 业巨头，而且风险系数很大，需要有足够的抗风险能力和渠道布局水平，否则易功亏一篑。

√ 改造传统，用互联网思维创造农业经济的线下体验

互联网技术让农产品实现从"田间"到"餐桌"的全程透明化，让农业公司从中看到广阔的"钱景"。比如，一些农业大棚通过物联网实时监测，应用大数据进行分析和预测，能够实现精准农业，降低单位成本，提高单位产量。与此同时，还可以将大棚种植与农业体验经济相结合，推出采摘体验，如果再将社区经济和社交应用结合起来，必然具有很好的未来前景。

在移动互联网 O2O 的发展中，类似北京的农夫市集等从农户到餐桌的农产品销售日渐兴起，而在 2014 年获得"全国移动互联网创新创业大赛总决赛

银奖"的青年菜君，其以半成品生鲜电商为发展方向，用户可通过线上预订、线下地铁口自提的方式来购买半成品生鲜。

如今大红大紫的互联网金融也对农业的发展起到极大的推动作用。媒体报道，苏宁众筹频道正式开卖汉源樱桃，上线 145 分钟认筹额就超过 5 万元，当天认筹超过 11 万元，相当于帮助果农卖出至少 500 棵树的樱桃产量。而蚂蚁金服发布的数据也显示，2014 年，新增的农村余额宝用户超过 2000 万，增收 7 亿元。

互联网思维不是空的，在具体的地方会有具体的应用，在农业上会有更广阔的前途，移动互联网 O2O 和互联网金融等都会在未来的"互联网＋"中发挥巨大的作用。

√全面下乡，涉农企业将渠道网络借助互联网进行升级

互联网本质上属于一种渠道，传统企业可以借助这种渠道将原来难以组织的农村渠道组织起来，充分发挥互动性和高效率，这将让很多传统的涉农企业受益。

比如，新希望是国内最大的农牧企业之一，2015 年 1 月 29 日，公司同南方希望、北京首望共同出资设立慧农科技，将做强农业互联网金融上升为企业的未来战略之一。公司在已有的养殖担保和普惠担保金融创新模式基础上，挖掘和整合各渠道资源，打造千企万家互联互通的农村金融服务网络，未来将业务延伸至农资服务需求、农村消费需求等。公司推出的福达计划立志打造智能服务体系，目前一期已经覆盖 3.9 万客户，在掌握相关养殖场位置、栏舍状况、养殖状况、成本、营销服务情况等基础数据的基础上，为公司提供有针对性的营销服务。公司即将开展的福达二期，将为养殖户提供有针对性的技术服务，提升养殖户的养殖效率，打造智能化营销服务体系。

√ 网络下沉，电商巨头抢滩农村市场"第二战场"

在"互联网＋农业"大潮中，电子商务企业自然是排头兵。数据显示，2016 年农村电商市场规模将达到 4600 亿元，谁也不想掉队。

资料显示，2014 年以来，商务部已会同财政部在河北、河南、湖北等 8 省 56 县开展了综合示范工作推动阿里巴巴、京东、苏宁等大型电商和许多快递企业布局农村市场，鼓励传统的供销、邮政等实体企业在农村积极尝试线上线下融合发展。目前，有 24 个省市、31 个地县在阿里巴巴平台设立了"特设馆"，在淘宝网正常经营的注册地为乡镇和行政村的网店更是达到 163 万家，其中经营农产品的网店已经接近 40 万个。阿里巴巴现已启动"千县万村计划"农村战略，未来 3～5 年内将投资 100 亿元建立 1000 个县级运营中心和 10 万个村级服务站。截至目前，京东已开业 26 家县级服务中心，招募了近 2000 名乡村推广员。目前"村淘"已进驻全国 8 个省市区，覆盖 13 个县、295 个村。2015 年，京东电商下乡的总目标是新开业 500 家县级服务中心，招募数万名乡村推广员。

电子商务企业在农村的发展是"互联网＋农业"的重要内容，但如何将农产品卖出去让农民增收一直是难以解决的大问题，谁率先找到出路，谁就能抢占农村市场。

√ 扎根基层，细织渠道打造农村营销根据地

从全国来看，中国移动很早就开始的农信通借助运营商的渠道曾取得过不错的市场效果，中国电信的信息化农村建设也在很多地方得到农民的欢迎。现在，各种各样的农村网站也在兴起，全国涉农网站已经超过了 3000 个，村村乐、万村网、三农网、新农网、村村通网等逐渐形成了自己的核心资源。

据报道，村村乐网站的估值已经超过 10 亿元。

很多城市人对村村乐这样的网站并不关注，可这些网站却已经在广大农村市场扎下了根，并被戏称为全国最大的刷墙公司。农村营销最主要的资源，可以说是村官、能人和小卖部，而这些资源也构成了农村信息网站争夺的最核心资源。

农村市场非常广阔而分散，需要长期的扎实工作来稳步推进，而且，农村市场的渠道具有很强的排他性，谁先占住了这些资源谁就拥有先发优势，后来者的成本会很高。所以，拥有互联网上的农村渠道网络资源，就等于掌握了农村互联网发展的关键点，未来可以大展拳脚。

以上总结的五种"互联网＋农业"的商业模式未必全面，但基本概括了目前可落地执行的基本策略。不管是大型的互联网公司，还是涉农的强势企业，甚至仅仅是在农村成长起来的农村信息网站，在农村的广阔天地都是大有可为的。唯一需要牢记的是坚持坚持再坚持，农村市场不是一天就可以建成的。

塔旗庄园见证丑小鸭变成白天鹅的奇迹

在大互联时代，面对"80后"、"90后"、"00后"新一代消费群，一些具有创新思想和创意意识的农业及农业产业化企业，通过开发创新农业生产经营模式，继而以此为基础形成农业产业链，以创新价值参与社会主义市场经济的竞争，创建起独特的创意性互联网思维农业产业经济模式。

云南省政府在省际范围内推出的庄园经济已经成为中国互联网思维创意

农业经济的经典发展模式，使得云南省略显贫瘠的小高原土地上生发出无限的希望和收获。其中一个互联网思维创意农业经典案例或许对于普通农业及农业产业化企业更具现实意义，这就是最近火遍互联网的塔旗庄园。

√塔旗庄园创始人刘丽华的梦想

位于云南省曲靖市下辖的师宗县五龙乡的塔旗庄园，神秘得不可思议！这里的农民世世代代在这片红土小高原上繁衍生息，贫穷像与生俱来一样与勤劳的寨民如影随形，在红土小高原上生活并非像外界想象得那么美好。20岁的刘丽华第一次来到这里时，第一次体会到什么是贫穷。当她与乡亲们聊天时，她感受到了乡亲们的无奈，那种期待改变贫穷的眼神刺痛了少女柔软的心灵。在回来的路上，一直保持写日记习惯的刘丽华在日记本的扉页上写下"我要做农业"五个字，后面跟着三个大大的感叹号，表示了她当时的心情，现在看或许是一种决心。从此，做能让农民赚钱的农业的朴素想法在她心里生根发芽。

为此，在大学期间，刘丽华就跑遍了大大小小的庄园和成功富裕的农村，华西村、褚橙种植园、西王村、玉溪庄园等都留下了她勤奋探索的脚步。随着年龄的增长和学识的丰富，刘丽华发现，成功似乎不可复制，云南省的红土小高原没有丰饶的土壤、没有可观的收成，更缺少资本的青睐，一切似乎都将她的决心打击得破碎不堪。

√塔旗庄园见证了奇迹

恰在此时，互联网大潮正在全国范围内席卷传统产业，包括农业在内的众多传统产业都成为互联网创新"革命"的对象。那些被互联网化了的传统产业重获生机，这令刘丽华兴奋不已。时隔四年，当她再回到当年寻梦的红土小高原，虽然土地、寨民没有任何变化，但这颗少女的心已不再柔弱，而是变得异常坚强与坚定。她要用互联网思维做中国创意农业产业化庄园，在有机薏仁产业中，把土地和农民与城市里面的高富帅和白富美连接到一起。于是，她努力发掘并洞察都市白领的需求，思考着如何满足这些需求。

红土小高原上那一串串珍珠般的薏仁米立刻在刘丽华的脑海中变成珍珠，薏仁美白，而女性白领普遍存在美白需求，红土小高原的原生态，正是白领在雾霾中翘首以盼的生活状态。通过互联网思维让处于产业链两端的农民和白领紧紧地连接在一起，成为刘丽华创业的主线，其核心载体就是那曾经被用来当成项链串起的薏仁米。

心动不如行动，刘丽华是个执着而坚定的女孩儿，她一次次将互联网思维创意农业产业化的商业计划书发给可能的投资人，她需要资本的力量来支撑她伟大的梦想。

2012年，师宗县农业产业化龙头企业师宗大同盛宏食品的王总无意间从朋友那里拿到了刘丽华的商业计划书，而这一计划书正好与王总"打造农业产业化食品集团"的战略构想不谋而合。于是，云南塔旗食品集团正式成立，刘丽华被任命为塔旗食品公司总经理。

从此，一个高挑靓丽的都市女孩儿经常出现在红土小高原的田间地头儿，与塔旗庄园及合作社的农民共同劳作。同时，刘丽华行走在市场营销的一线，与那些白领消费者共同研究如何创造更加完美的品质和消费体验。在互联网上，她又成为人们眼中的互联网思维创业明星。刘丽华小小年纪就在不同环境、不同角色中完善着自身的定位。

如今，刘丽华正在逐步完善塔旗庄园及旗下的塔旗食品，以薏仁标准化庄园化种植为根基，形成了完整的薏仁生产到消费者的完整产业链运营，将薏仁米、薏仁粉、薏仁茶、早餐食客等系列产品逐步推向市场，受到了消费者的普遍欢迎和喜爱,真正实现了其"真生活,有态度"的品牌诉求。

为了能够打开市场,刘丽华频繁置身于喧闹的都市,探索塔旗食品的市场营销模式。现在,塔旗食品已经建立起互联网思维的O2O市场营销模式,通过线上引入消费者共同创造价值,创新并创造消费价值,形成塔旗互联网营销强势品牌之势,线下传统经销商及零售终端渠道作为更加广泛的营销拓展的核心,通过建立O2O营销流程,使得线上线下市场营销有机地结合在一起,开创了传统农业产业化企业O2O营销的新模式。

刘丽华却没有半点傲气,她为了验证这种创新O2O营销模式的有效性,多次邀请国内著名互联网营销专家、传统市场营销专家、经销商代表、跨国零售终端代表、快消食品营销职业经理人进行座谈,以保证这一营销模式能够顺利落地。

正是刘丽华这种兼具创新性和开创性的思维,加之她脚踏实地的执行力,使得塔旗食品迅速走红,成为云南省小高原红土地上跑出的一匹黑马。目前,来自全国的农业产业化企业和创业者经常云集塔旗庄园,刘丽华都毫无保留地传授"真经",她说,只要为农民好,提升中国的农业及农业产业化水平,就是她的分内之事!

"互联网＋农业"下一个农民的典型案例

"互联网＋"行动计划提出和实施后,"互联网＋"迅速成为全国上下的热门话题。在这样的背景下,湖北省的一名普普通通的农民,作为"互联网＋农业"的一个典型,也随之备受瞩目。因为他不仅是湖北省生态农业种养模式的一个典型，而且早在2014年11月就开始尝试"互联网＋农业"，更是一步到位直接探索了"移动互联网＋农业"。

这个普通的农民，名叫李明华，只有初中文化程度，个子不高，皮肤黝黑，如同千千万万最普通的农民。但这个农民兄弟"真不简单"，因为他领头的农民合作社搞出的"上种水稻、下养老鳖"的香稻嘉鱼种养模式，不仅是当地市委、市政府确立的典型，连湖北省副省长梁惠玲也曾专程考察调研并要求农业部门在全省推广。而随着李克强总理在两会政府工作报告中提出"互联网＋"国家战略，他的"移动互联网＋农业"探索更是走在了全国农业战线的前列。

√ "互联网＋农业"一点儿也不难

互联网、移动互联网，在人们心目中往往是"高科技"的代表，甚至让普通人感觉高不可攀。那么"互联网＋农业"、"移动互联网＋农业"实现起来会不会也非常难，甚至高不可攀？但进一步调查李明华的"移动互联网＋农业"方法后发现，一点儿也不难实现。

经调查发现，李明华，没有自建系统开发团队，没有购买服务器，没有建立APP客户端，没有购买网络带宽等，而是聪明地采用了与外部移动互联网平台资源进行合作的"借力"方式，实现香稻嘉鱼大米与移动互联网连接。"其实很简单，只要贴上决不食品安全联盟免费提供的'决不食品'标志，香稻嘉鱼大米的互联网＋农业就自动实现了！因为'决不食品'标志内含有二维码，手机一扫，就会进入香稻嘉鱼大米的互联网页面，页面上有食品安全公开承诺视频、每天24小时种养基地实时监控视频、食品安全责任险保单图片、食品安全有奖监督基金的公开信息等，很酷！"

√ "互联网 + 农业"不仅酷，而且更能保证农产品食品安全

"决不食品"标志作为"互联网 + 农业"、"移动互联网 + 农业"的开拓者和实现工具，不仅要让农产品更酷、更有附加值、卖得更好，更要通过支持消费者直接监督来实现最关键的食品安全。用智能手机扫描香稻嘉鱼大米相应的"决不食品"标志上的二维码后，确实立即打开了一个页面，首先映入眼帘的就是李明华的视频和公开承诺：

"我们是湖北省钟祥市联发水产养殖专业合作社，我是合作社理事长李明华，我们向广大消费者庄严承诺：我们的香稻嘉鱼牌大米，决不使用农药、化肥、除草剂，加工大米的过程中，决不使用地沟油、工业石蜡等抛光打蜡，决不非法添加！决不假冒伪劣！决不有毒有害！决不昧良心！而且，我们的决不大米也已经严格贯彻落实了决不食品安全标准，实现了公开承诺，透明生产，开放互动，专业鉴证，保险赔偿，有奖监督。如有违反，我们甘愿接受'决不'食品安全联盟的严厉处罚。敬请广大消费者监督我们，支持我们，最大限度地多多购买我们的决不大米！谢谢大家！"

李明华并非虚言，因为在用手机扫描二维码后打开的页面上，也清晰地出现了他们香稻嘉鱼种养基地的实时画面，甚至可以清晰地看到花儿摇动，鸟儿飞过。

渔愉鱼连锁经营做品牌的资本梦想

提及养鱼业，人们脑海中常常会浮现那些穿着胶靴站在鱼塘中抛撒鱼食

的饲鱼人，这种传统的养殖业很难与如 7 - ELEVEn、快客一类的 24 小时连锁便利店扯上任何关系。不过在佛山市成立的南海渔愉鱼水产服务有限公司（以下简称"渔愉鱼"），作为目前为止首家专注渔需物资经营的连锁店，恰恰是将现代连锁的概念延伸到水产行业，将两者紧密地结合在了一起，颠覆了传统渔需市场的经营模式，带来了全新的服务理念。

√将想法变成现实

全球知名连锁便利店 7 - ELEVEn 以其最擅长的全方位社区服务赢得了消费者的信任，如今，闪烁的 7 - ELEVEn 便利店 Logo 遍及全球。7 - ELEVEn 的模式真的只适用于日常消费吗？或许可以将 7 - ELEVEn 的模式复制到水产业中。这个想法其实几年前就出现在渔愉鱼总经理李悦悦的脑海中。

水产业中，不乏搞生产的大企业，也不缺少以基地为主营的大公司，却很少有人在水产流通环节下功夫，以前在水产业流通环节上起主要作用的是大量的经销商和业务员。从流通环节入手，这是李悦悦找到的切入点。在李悦悦看来，建立起信得过的渠道销售品牌有现实需要。

经过酝酿，李悦悦找到了几位有共同理想的合伙人，一起创立了渔愉鱼，成为水产行业里不多见的"海归派"。同时，团队在信息化建设、标准化建设、人员培训流程等方面做足了准备。渔愉鱼自 2010 年 4 月在广东佛山成立第一家连锁店以来，仅一年多，在全国范围内已有 250 多家连锁店。

√资本助力，渠道为王

渔愉鱼成立仅一年就已经有 250 多家连锁加盟店，获得风险投资后，渔愉鱼继续扩张。李悦悦当时预计，到 2012 年底，渔愉鱼的连锁店数量将扩张至 2000 家，成就"中国渔用物资连锁第一品牌"的构想。

在当时，渔需物资销售市场大多是"生产 + 直营销售"的模式，资源提供主体的格局是栅栏式销售，覆盖了市、县、镇、村等各个环节，繁复的销售环节导致渔民购买价格高；同时，生产厂家进行生产后在各地进行直营销售，产品内容和品牌有一定的局限性，养殖户需要在不同的店面才能买齐全部的渔需物资。从这点出发，李悦悦要将渔愉鱼打造成为四位一体的"一站式"服务的渔需物资连锁店。在这个连锁体系里，从厂家到用户，实行连锁会员制，其中包括销售店、信息店、服务店和培训店，为养殖户提供产品、实用信息，指导渔民科学养鱼，实现增产增收。

在李悦悦看来，渔愉鱼的优势在于服务和整合。她将渔愉鱼比作水产界的 7 – ELEVEn，选择加盟渔愉鱼的商家需要具备合法经营的资格，全国加盟渔愉鱼的经销商以个体为单位进行独立财务结算。渔愉鱼为每一个加盟店做信息系统、招聘、培训、采购等工作；经销商负责当地的经营、服务、配送。

渔愉鱼店里网罗了种苗、药品、渔具、机械、网具、技术咨询等方面，养殖户可以把需要的渔需物资一次性买完，还可以通过技术咨询了解渔需物资的搭配原理。渔愉鱼通过采购，省去了各级经销商的环节，采购成本相对低一些，产品的价格相比于市面上的产品会更加优惠。

√寻找线上机会

随着人口结构的变化，未来水产行业主导人群的消费习惯将走向网络。渔愉鱼不仅在全国范围内扩大加盟店的数量，还在不断寻找线上机会。然而，渔愉鱼网上商城还未建立完成，仅在阿里巴巴的公司库中完善了公司信息。若要建立网上商城，将对渔愉鱼的物流配送能力提出更高要求。

随着投资方的加入，渔愉鱼的发展计划正在逐步实现。李悦悦将投资方比作实现计划的助推者，她希望通过借力资本，推动渔愉鱼在全国范围内的加盟店进程，完成品牌建立的第一阶段，打好人才培养、管理服务、信息化的基础。

√梦想还在继续

2014年11月16日，受江西万年县鄱阳湖生态水产品交易大市场总经理刘晓明的邀请，华中渔愉鱼总经理张全，江西省经理陈强前往万年县考察。张全在刘晓明带领下兴致勃勃地参观了正在兴建的万年水产交易大市场及养殖基地，并于参观过程中一锤定音，达成合作，张全特邀刘晓明参加无锡会议，刘晓明欣然接受，并将于会议期间与集团总经理李悦悦签订正式加盟合同。这标志着渔愉鱼连锁全国最大加盟店——万年渔愉鱼销售平台即将出炉。建成后的万年渔愉鱼水产交易平台将下设综合服务部、电子结算部、电商部、办公区、淡水鲜活水产品区、海鲜区、名优苗种交易区、鱼药渔需渔业机械类交易区、兽药区等10个部分。

在刘晓明看来，之所以要加盟渔愉鱼，是因为加盟连锁的优势在于：不需要自己满世界找产品，这个平台上什么都有，而且完全合法；加盟后自己可以把原来散乱的资源交给渔愉鱼整合，做大做强，做到全国；渔愉鱼专家多，涵盖了从养殖到防病全过程，减少后顾之忧；加盟后想发展电子商务，水产行业更懂电子商务的只有渔愉鱼，这个模式在水产行业更高效，也更符合国家发展农业信息化的趋势；加盟后还可以成为渔愉鱼的股东，共享品牌价值与企业红利。这样，合作不仅是做"加法"，更是做"乘法"。

第 05 章 "互联网＋智慧能源"

《指导意见》提出了"互联网＋智慧能源"的路线图，主要包括四项措施：推进能源生产智能化、建设分布式能源网络、探索能源消费新模式、发展基于电网的通信设施和新型业务。而之前的许多企业如伊利、愿景能源及BAT 三巨头跨界整合等，已经显示出强劲的发展势头。新形势下，能源与互联网将呈现深度融合之势。

万亿市场带你了解互联网能源路线图

与互联网嫁接后，能源这个原始、笨重的巨无霸行业，正在被分散、轻巧的新能源，炫酷的新技术所影响。中国的能源互联网，正经历从 0 到 1 的渐变：政府路线图逐渐清晰，企业在摸索中前行，数万亿增量市场正在形成。

∨ "风口"挤满上市公司

用互联网改造能源产业，眼下正成为最时髦的词。从政府机构、大型国企到民营企业，言必谈互联网能源。特别是新电改"9 号文"下发之后，电力领域的互联网化尤为显著。

2014年下半年以来，商业模式逐渐多元化。配电二次设备上市公司如积成电子、国电南瑞、科陆电子等都在借助设备入口，通过大数据分析，从提供产品向提供服务转型；逆变器龙头公司阳光电源、科华恒盛则向储能领域拓展；特锐德、万马股份等纷纷布局电动汽车充电桩。

显然，企业是冲着商业前景而来的。那么，这个市场究竟有多大？有专业的能源互联网深度报告指出，目前我国用户端电力销售的金额大约2.5万亿元，加上建设投资，可以估计能源互联网的市场至少在5万亿元以上。也有能源互联网专家认为，能源互联网包含3万亿元售电市场、电动汽车和智能家居硬件设备，至少6万亿元的市场。

资本市场上的投资者同样也为互联网能源的未来激动不已。主营业务九成是电缆的远东电缆2014年"任性"改名"智慧能源"，向智慧能源系统服务商转型，股价从2015年2月初约每股9元涨至5月末每股29元。其他概念股涨幅也为1~4倍。

积成电子2015年3月成立能源公司，专门从事能源互联网业务，版图包括智慧城市、节能咨询、新能源电站开发、云平台等。此外，公司合作打造的山东地区首家能源互联网云平台6月中旬即将上线；公司借助百万级别智能电表＋80万智能水表＋10万智能燃气入口，有意与互联网巨头合作搭建售电平台，未来有望在能源互联网领域进一步并购。

制造端也在向互联网转型。风机龙头金风科技借助其所拥有的风能领域最大数据库，开发出智慧风能管理系统，目前8000多台机组已经接入，未来还有提升空间。据记者介绍，金风科技目前以积累日常经营数据为主，正在为未来进一步走进能源互联网阶段奠定基础。

科华恒盛也早已从硬件设备延伸到能源大数据领域。在巩固高端电源国内龙头地位的基础上，公司目前正在推进的两大业务是新能源和数据中心运营。未来公司可基于高端电源、数据中心以及新能源三大业务，通过互联网和物联网技术实现对应用平台的监控，远程控制等，建立起集中监控平台，进一步升级为能源物联网。

√ 路线图浮出水面

上市公司都在能源互联网相关要素领域积极布局，为了指引和明确企业方向，2015 年 3 月"两会"期间首次提出要制定"互联网＋"行动计划之后，政府相关部委都在加紧调研，拟推出分管领域的"互联网＋"行动计划。2015 年 7 月 1 日，新华社授权发布的《指导意见》中有"互联网＋智慧能源"行动计划，从而完成了能源互联网顶层设计。这个顶层设计的能源互联网路线图以问题为导向，确定中国"互联网＋智慧能源"的定位、目标、功能以及需配套的政策建议。

《指导意见》对"互联网＋智慧能源"的要求是：通过互联网促进能源系统扁平化，推进能源生产与消费模式革命，提高能源利用效率，推动节能减排。加强分布式能源网络建设，提高可再生能源占比，促进能源利用结构优化。加快发电设施、用电设施和电网智能化改造，提高电力系统的安全性、稳定性和可靠性。

事实上，互联网通过管理的扁平化，可以最大限度地调动每一个人的积极性，实现最有效的自组织。"互联网思维"是一个"仁者见仁，智者见智"，并无统一、规范和共识的标准定义，只能意会，难以言传。站在不同角度，不同层面，不同的价值观、利益格局，不同的行业、职务，一千个人会有一千种对互联网思维的不同定论。互联网思维是一种思维模式，是一种理念，它基于"开放、平等、互动、合作、参与"的群策群力；具有跨越性、跨界性、穿透性和非线性的整合思维；"从群众中来，到群众中去"，用户主权，用户至上，"一切从群众出发"；强调去中心化、去中介化、扁平化和压扁中间层；认为产品和服务是有机的生命共同体，推崇服务即营销。

有专家指出，目前能源互联网必须解决两大问题，横向多源优化互补，即石化能源、风、光、电，一次、二次能源协调；纵向生产、运输、使用、储存链条在规划和运营层面的优化。更为重要的是，电改细则和配套文件在出台过程中仍有不少争议，能源互联网使得电网更扁平化，从技术上缓解交易机构、调度、售电等矛盾。因此，能源互联网建设必须考虑电改的问题。实现上述目标，需要互联网平台的支持，因此在确定"互联网＋智慧能源"具体开发项目后，就需要国有和大量民营企业参与，要根据这些原来的技术背景、基础优化组合成立产业联盟。成员以电力行业为主体，既包括 BAT 这样在互联网领域有成功实践的巨头，也少量涉及其他能源类公司。

中国能源互联网的探索 2015 年才刚刚开始。在这条路上，美国和德国已经走在前列。美国电气巨头 GE 将电力发、输、配、用、电等全过程物联网，撮合发用电交易，并开展维修、节能等增值服务，其能源管理收入规模已达440 亿元。Google 收购 Nest 进入智能家居能源管理领域。德国有 1100 多家售电公司，围绕光伏、储能、电动汽车领域衍生出各种创业型公司。对于中国而言，前行者的经验可以借鉴却难以复制，中国居民电价低、工商业电价较高的特殊情况，以及国家电网一家掌握输、配、售的垄断局面，导致市场活力不足。

√新电改契机

新电改是最好的契机。以售电为例，电改文件出台以来，新的售电公司如雨后春笋般成立。截至目前，深圳、江苏、山东、黑龙江等地已注册了 10

余家售电公司。

当市场参与者逐步增多，能源的扁平化才有可能实现。智能化、去中心化的能源互联网演进路径包括：①可再生能源大规模接入；②能源消费终端改变消费方式，如电动汽车应用，以电为主的能源体系进一步强化；③储能的广泛应用。在此基础上，加上能源体系里的互联网信息技术，新的能源体系将从以供给主体为中心彻底转向以用户需求为中心。

能源互联网顶层设计的路线图分为六步逐级推进：互联网售电、可再生能源市场交易、碳市场交易、储能、电动汽车以及智能家居。第一个目标可在近一两年内实现。由此可以看出，能源互联网化所需的技术和入口基本明确。企业家已经意识到，作为产业互联网之一的能源互联网，对传统企业来说不是颠覆，而是改造，与新兴企业携手前行。

群雄相逐，鹿死谁手？能源互联网概念大热之后，谁会成为最后的赢家，是力推特高压骨干网主导的全球能源互联网的国家电网，还是千千万万个分布式能源为主的微网企业；是昔日的石油、电力、煤炭巨头，还是外来者？

一切才刚刚开始，远没到下结论的时候。

伊利沼气发电，做低碳环保先行者

在以可持续发展为主题的现代社会，调整能源结构、建立能源可持续发展体系越发显得重要。而沼气发电作为一种新型的能源开发模式，已经开始被大家广泛认知。其中，作为中国乳业鳌头的伊利，在草原牧场的沼气发电项目中成为企业新能源的一个应用典范。

√集众多优点于一身的沼气发电

沼气，是各种有机物质在一定温度、湿度、酸碱度并隔绝空气的条件下，经微生物发酵分解而产生的一种可燃性气体，因最早在沼泽中发现而得名。沼气的主要成分是甲烷（CH_4），此外还有二氧化碳（占 30% ~ 40%）。它无色、无臭、无毒，密度约为空气的 55%，难溶于水，易燃，1 立方米沼气的发热量为 35857 千焦。

沼气技术是运用生物化学方法对禽畜粪便和工业有机废水等进行处理的技术。由于其成本低廉、处理效果好，在实践中得到了广泛的应用。但是，单纯将沼气用于集中供气和供热，覆盖范围有限，可靠性也比较低，而将沼气作为发电燃料就地发电，发电量随沼气产生量变化灵活调整，可以使沼气得到充分利用。

沼气发电技术是集环保和节能于一体的能源综合利用新技术。它是利用工业、农业或城镇生活中的大量有机废弃物（如酒糟液、禽畜粪、城市垃圾和污水等），经厌氧发酵处理产生的沼气，驱动沼气发电机组发电，并可充分将发电机组的余热用于沼气生产，使综合热效率达 80% 左右，大大高于一般 30% ~ 40% 的发电效率，经济效益显著。

沼气发电技术提供的是清洁能源，不仅解决了沼气工程中的环境问题、消耗了大量废弃物、保护了环境、减少了温室气体的排放，而且变废为宝，产生了大量热能和电能，符合能源再循环利用的环保理念，同时也带来了巨大的经济效益。

√伊利沼气发电，做低碳环保先行者

众所周知，奶牛养殖业是高碳行业，规模化的奶牛养殖基地产生粪便等生产垃圾，极易对空气、土壤和水源造成污染，是困扰乳企和社会的一个难题。而作为全国乳业的领军企业，伊利集团一直竭力倡导并实践"节能减排、绿色环保"，早在2007年，伊利集团的冷饮厂就已经开始利用沼气发电了。为了严格保证绿色产业链在奶源源头上的绝对绿色与环保，伊利集团将大量的奶牛污粪经过厌氧发酵处理产生的沼气，驱动沼气发电机组发电，同时充分将发电机组的余热用于沼气生产。

伊利集团致力于通过绿色奶源建设方式、养殖方式，构建以"零排放"为目标的绿色循环发展模式，这种绿色循环发展模式把奶牛养殖、牧草种植、蔬菜种植、花卉观赏、有机肥良性循环、生物资源发电等融于一体，真正在整个产业链中形成从"牧场到餐桌"的绿色链条。所谓"零排放"，就是深度利用牛粪等养殖垃圾实现牧场物质循环再利用的生产方式。在规模化奶牛养殖基地，可利用沼气发电、有机肥生产等配套项目将奶牛的排泄物通过生物发酵技术制成沼气和沼渣，用于发电和生产有机肥，这样的绿色环保发展模式可有效实现节能减排和可持续发展。

伊利集团沼气发电利用草原牧场的大量牛粪废弃物，经厌氧发酵处理产生的沼气进行发电，不仅保护了环境、减少了温室气体的排放，还能变废为宝，体现了能源再循环利用的环保理念，为国家节省能源，实现了低碳经济的目标，同时电力上网也带来了巨大的经济效益。此外，沼气发电不仅可以满足奶牛场的内部运营用能需要，而且可以满足部门当地群众的用能需求。不仅达到了实施中的无污染、低能耗和高产出的效果，而且更能缓解当前单一的火电发电方式。

在以低碳、环保为时代标签的今天，伊利集团的沼气发电技术提供了源源不断的可再生清洁能源，不仅解决了沼气工程中的环境问题、保护了草原的生态环境、减少了温室气体的排放，而且变废为宝，产生了大量的热能和电能，符合能源再循环利用的环保理念，更是伊利集团在践行绿色产业链理念的指引下所带来的实实在在的经济与社会环境效益。

在伊利集团的绿链产业布局中，一直致力于打造从奶源基地到生产、包装材料、产品、物流、消费等各个环节的企业整个经营过程的"绿色"全链条，实现企业的绿色生产、倡导消费者的绿色消费、坚持品牌的绿色发展，构筑起了一条涵盖乳业上、中、下游均衡健康发展的绿色产业链，带动乳品行业的全面绿色升级。

如今，伊利集团作为环保企业的忠诚卫士，真正成了低碳与绿色时代的代言人。面对全球日趋严重的环境问题，伊利集团能够顺应"绿色、低碳"的发展趋势，勇于担负起绿色发展责任，带动整个行业践行绿色发展，是利在当今、功在千秋的盛举。毫不夸张地说，伊利集团利用沼气发电，探索绿色新能源，是当之无愧的践行低碳环保的先行者。

远景"格林云"，一座云上的风电场

一阵风刮过风电场，可产生的电量总让人有点失望。不过，不必再为此困惑和忧伤，远景能源的能源互联网技术或许能让你的心情豁然开朗。

远景能源始于 2012 年，这家总部位于江苏省江阴市的软件服务公司研发的智慧风场 Windows™操作系统率先在美国能源市场风生水起，目前已有美国 Pattern 能源、大西洋电力、Orion 等能源公司使用这款系统，仅在美国它所管理的新能源资产超过 1000 万千瓦。在这些美国公司看来，这款基于物联网和云计算的 Windows™操作系统是一款很酷的互联网产品，不但能让风电场能量损失的黑洞清晰可见，还彻底解决了推进能量利用率（EBA）管理模式的技术难题。现在的远景能源已成为全球首家将 EBA 概念演进为风电场管理模式的公司。

√远景能源以 EBA 为核心的资产优化体系

为什么远景能源如此看重 EBA，并将其视为改变风电场评价体系的战略性产品？从历史的角度看，在机组故障率较高、利用率较低的风电发展初期，时间利用率对促进风电机组质量的提升起到过积极作用，但风电机组进入较高时间利用率的阶段以后，再沿用这样的指标评价体系，实际上就进入了一个误区，因为它模糊了好机组与坏机组、好风电场与坏风电场的差别。从发电量的角度看，它对价值创造的意义已不大，而基于互联网技术的 EBA 风电场评价体系却能改变这种现状，成为划时代的风电资产管理模式。

简单地说，EBA 是实际发电量和理论发电量的比值，是一个非常客观的风电场评价体系。李恒这样解释，它不仅能衡量风电设备的情况，还能评价风电场运行检修的水平，通过能量损失的分解找到优化的方向，进而提升风电资产的收益，而远景"格林云"是其背后的技术支持。

远景能源通过大数据产品 Data Ocean 将所有与风电相关的数据整合成一体，建立了包括风电场、风电机组、运行、资产收益等数据模型在内的公共信息模型（CIM），并与全球最先进的物联网大数据公司 Par Stream 达成战略合作，在 Par Stream 物联网数据分析平台的助力下，通过 Windows™ 操作系统和格林威治™ 云平台延伸大数据价值创造的链条。

显然，远景能源以互联网技术定义的 EBA 体系服务模式，对缩小中国与欧美国家风电场 EBA 差距是利好消息。美国风电场的 EBA 水平要比中国高出 20%。我们对这些差距不能视而不见，而需要激发潜力。

据国家能源局 2015 年 4 月 2 日发布的消息，截至 2015 年 3 月末，全国并网风电装机容量 1.064 亿千瓦。想象一下，如此巨量的风电场存量资产，如果能提升 15%～20% 的能量利用率，那是何等的收获。而 EBA 体系的价值不只是能有效挖掘存量资产的潜力，更重要的战略价值在于，它能让这个巨大但缺乏服务标准的运维市场变得成熟和健康。

2015 年 4 月中旬，远景新版 EBA 评估模块上线，这款被远景称为"大白"的评估模块意在让风电场的"真相"大白。对集团公司来说，EBA 评估模块能够客观、科学地衡量不同风电场的能量捕获水平和电量损失水平，以便确立准确的绩效考核指标。

值得一提的是，从风电场资产全生命周期管理的角度看，EBA 评估模块能与前期的投资决策实现"无缝对接"，并为所投资的资产能量效率定标，当资产进入运行后，后期的 EBA 指标可以有效地为前期的决策以及收益预期保驾护航。具体到风电场运行阶段，EBA 评估模块通过人工智能和数据挖掘技术精准计算出各类因素损失的发电量和影响 EBA 的比重，做到各类损失"真相"大白——即资产运行管理透明化，为未来风电场技改优化建立"诊断档案"，进而帮助业主理性选择资产优化方案以及社会化的资产管理服务。

案例和数据最有说服力。在美国，目前已有 Pattern 能源等三家能源公司的风电场接入 Windows™ 操作系统，在云上基于 EBA 框架评估风电场的实际运行状况，建立以 EBA 为核心的资产优化体系，通过大数据挖掘提升资产效益。比如使用远景智慧风场 Windows™ 操作系统的美国某风电场，其 EBA 达到了 90%。

正在使用 Windows™ 操作系统的美国新能源公司，也将使用远景能源的格林威治™ 云平台，通过与 Windows™ 操作系统的对接，形成从风电机组到风电场的全面数字模型，彻底贯通从风电场设计到风电场运行的全生命期资产价值链，为提升风电资产的收益水平提供大数据基础。

与美国风电场相比，中国风电场在数据完备性方面有所欠缺，有的业主在风电场投运以后，就把风电场的数字模型搞丢了。不过，远景智慧风场 Windows™操作系统、格林威治™云平台两者的集成，能够把风电场流场模型和风电机组状态模型绑在一起，任何时间、任意维度的电量损失计算与分析，以及建立和运行 EBA 指标体系所需要的风资源图谱和精准计算都能在远景"格林云"上完成。

在国内，远景能源和国内领先的某新能源开发商合作，基于 Windows™操作系统对河北某风电场项目的实际运行数据进行评估分析，结果发现 2014 年 1 ~ 8 月，该项目 EBA 仅为 80.82%。于是，远景能源的 EBA 技术团队从风电机组可靠性、风电机组性能、场内外受累等维度着手，与客户共同制定并实施了 EBA 提升方案。数据表明，2014 年 9 ~ 12 月，该项目全场 EBA 平均水平为 91.99%，提升幅度为 11.17%。

√远景能源的风电场协同控制

远景能源互联网技术的另一个应用——风电场协同控制，在美国和中国的风电场都有案例，这方面的技术进化在于，起初是靠写入风电机组主控系统的代码实现控制，后来演化为用软件来定义和实现整场闭环的协同控制。这就好像一支 11 人的足球队，各个位置都需要球员，但最终决定输赢的是球队的整体攻防水平。

风电场协同控制，其实就是基于大数据和云计算技术，将风电场实时流场数据、流场预测数据以及风电机组与测风塔测量等数据有效地整合在一起，真正建立和形成风电场级的数学模型，而且要把先进的机组通信和行为管理纳入其中，通过协同控制实现机群发电整体最优。

比如风况与风电机组的协同控制，由于风电机组受到叶片扰动，单靠机组本身是无法准确地感知和衡量湍流的真实状况，但通过云端格林威治™矫正之后的数据，用于风况和风电机组的协同控制就不存在问题了。对实时湍流状况准确把握的一个最为现实的应用是，在风电场限电的过程中，可以根据某台机组的实时湍流情况，决定该台机组是否优先停机，以减少机组大部件的疲劳载荷，而由其他机组在正常工况下自由发电，这样的协同控制可以在策略上更积极地应对限电，让风电场效益最大化。

协同控制还体现在对风电场尾流的有效控制上，也就是说，通过限制上风向机组出力来增大下风向机组的风能捕获，实现全场机组出力最优，可至少减少30%的尾流损失能量。

尾流效应是影响发电量的重要因素之一。研究表明，尾流造成的真实能量损失超过了10%。为规避风险，业内常用的做法是，在主风向上尽可能增加风电机组间的距离以减小尾流效应的影响，但在主风向以外的其他风向上，仍可能由于尾流效应导致较大的能量损失。

可以说，有效控制尾流效应是协同控制中最具亮点的技术。在这点上，远景除了根据风况实时的动态变化对风电机组进行物理限制外，还通过智能协调算法将各台机组的运行状况反馈到风电场的流场模型中，通过在线学习和修正的方式提升协同控制的精度，进一步减小尾流效应可能对整场造成的能量损失。

在协同控制上，还有一点不能忽略——远景实现了机组与变电站静态无功补偿器（SVG）的无功协同控制。风电场用SVG向电网提供无功功率是电网方面的要求，大多数风电场也是用SVG发无功，而实际上SVG的自耗电量比较大，占总功率的1%～3%。远景的做法是让风电机组和SVG协调发无功，通过无功电流优化场内线路的线损，以降低SVG的自耗电量，这方面的协同控制可提升发电量1%以上。

提到风电发电量提升或保持,风电场预防预测性维护已成为业界的前沿话题,而这也是远景能源互联网技术在风电领域最具发展潜力的一个应用。

对于预防预测性维护,远景丹麦创新中心总经理 Anders 举例,以前风电机组偏航使用的摩擦片、机油、润滑油、蓄电池等耗材大多定期更换,而现在能够基于大数据来预估它们的寿命,进而在其寿命末期到来时更换,这是预防性维护;以前风电机组大部件的检修或更换是根据其运行中实际受损情况进行的,而现在风电机组状态监测和 SCADA 运行数据结合在一起,会对大部件可能发生的问题做出比较准确的预测,从而做出积极的对策,这体现的是预测性维护。

可以与业界分享的是,远景能源投资自建的广灵风电场已取消了定期维护,正在做预防预测性维护方面的创新实践。这座在远景能源内部被定位为"业界标杆"的风电场,无人值守的背后是高度的智能化和自动化水平。

其实,不妨把远景能源广灵风电场理解为一座云上的风电场,它从未来向中国风电走来!

BAT 三巨头闯入能源互联网带来的震动

BAT 是中国互联网公司百度公司(Baidu)、阿里巴巴集团(Alibaba)、腾讯公司(Tencent)三大巨头首字母缩写。不管是不是情非得已,三巨头在进行疯狂整合,比如整合微信"智慧生活"解决方案和用户大数据资源、整合全媒体传播资源进行服务营销等,这对能源企业来说震动不小:外面的

"野蛮人"——BAT已经进门了！

√互联网巨头的最大优势是同亿万消费者直接互联

能源电力作为人类社会正常运行的基础动力，在我们的生活和生产中无处不在，而且随着交通工具电气化，尤其是电动汽车的普及，人类社会将实现完全电气化。但是，传统的能源电力生产和配送企业由于各种原因，几乎不存在服务消费者的意识，也没有合适的面向消费者的服务窗口，这恰恰就是以BAT为代表的互联网公司进入能源电力行业最大的比较优势。

互联网企业完全以消费者为导向的基因，数亿的存量用户，以及通过各种终端同用户互动的能力，使能源电力企业只能望其项背，这就是能源电力企业需要互联网公司帮助才能向用户提供更好产品和服务的原因。

√平台化布局也是比较优势

BAT多年来的发展方向就是平台化，致力于构建围绕公司核心业务的互联网生态圈，三家公司所能驾驭的资源早已远远超过其公司所拥有的业务本身，包括生活消费、传媒娱乐、金融、交通物流、家居住房、智能硬件、医疗健康、教育进修等诸多板块，几乎在所有社会生活领域都有信息入口和服务出口。

依靠信息入口，互联网企业在能源互联网时代有能力采集全方位的生产生活用能大数据，如通过智能家居就可以获知细化到具体用电器的用户家庭能耗曲线，并根据相关性做出未来不同时点的能耗预测。

依靠服务出口，互联网企业可以有效地将能源互联网产生的能源大数据在互联网大生态圈中服务化和产品化，最终商品化，比如，企业的电力消费数据可以作为征信材料在互联网金融服务中被商品化，个人的用能数据则可以通过各种消费服务被商品化。

相比之下，传统的能源电力生产和配售企业很难通过用电终端采集到能源电力消费大数据，将能源电力大数据商品化的空间也很小，最多做到发电设备的出力优化，以及部分用电设备的需求侧管理。在未来，数据将是新的能源，但是只有基于互联网生态的大平台才能够最大程度应用这种数据能源。

√最难以逾越的劣势是能源电力行业的专业性

作为一个关乎国计民生的基础性行业，可靠性、安全性、强壮性一直是能源电力行业追求的最高目标，互联网企业没有相关专业背景和人才队伍，很难驾驭这个行业。此外，能源电力行业的体制限制也是重要壁垒，能源电力行业在中国一直实行专营制度，很多细分板块以垄断为主。因此，在体制松绑前，互联网企业很难直接涉足这个行业。

权衡优劣势，对于互联网企业来说，参与能源互联网盛宴最好的方案就是同能源电力企业合作，而不是捋起袖子，独自下场参与竞争。

√未来竞争将是联盟之间的竞争

由于互联网企业的开放性和扁平化，能源电力生产和配售企业通过互联网企业的平台，能够直接和终端消费者互联，有效减少信息传导和服务递送的层级，同时，通过和互联网企业合作，能源电力企业还可以有效降低获取新用户的单位成本以及保持现有用户忠诚度的维系成本。

在能源互联网时代的产业链，能源电力企业仍然会占据能源电力生产的源头，以及输配运输的中间环节，但是最后的分销和服务，很有可能会由互联网企业提供，这也符合能源电力企业的重资产投资基因和互联网企业的轻资产服务基因。

　　未来能源电力行业的竞争将是由能源企业和互联网企业形成的联盟之间的竞争，比拼的不仅是电力装机规模、电力输送通道容量，还有消费者服务体验以及互联网生态圈的规模。

　　目前发电端已经出现了类似的趋势，自从阳光电源和阿里巴巴合作之后，类似的能源企业＋互联网或者ICT企业之间的合纵连横屡见不鲜，比如东方日升＋清华紫光、爱康科技＋华为、林洋新能源＋东软等。

　　能源电力企业已经意识到了，只有插上互联网和ICT的翅膀，才能在堪称第四次工业革命的"互联网＋"时代展翅高飞。不过要想插上这对翅膀并非易事，双方合作最大的困难就是能源企业和互联网企业之间缺乏了解，双方诉求也难以直接对接。

√能源企业也可能产生能源互联网时代的互联网企业

　　互联网是个快速迭代的行业，也是真正用户导向、服务导向的行业，同互联网企业成功嫁接之后，能源电力企业也可以吸收互联网企业的用户导向、服务导向、创新导向的优秀基因，进而进化为真正的能源互联网企业。

　　在这方面，前文提到的远景能源是其中的典范，远景能源吸收了大量互联网和ICT人才，并且同互联网企业有着深入合作，因此，远景能源的阿波罗平台和格林威治平台堪称是能源互联网的标杆产品，远景能源还在构建全方位的能源互联网生态圈。未来的产业格局将从"能源＋互联网"进化为"能源互联网"，类似远景能源这样兼具能源和互联网基因的平台式企业，最有可能成长为能源互联网大时代的互联网企业，甚至可能对互联网企业的代表BAT产生跨界威胁。

　　有分析人士认为，互联网企业目前和能源电力行业的牵手大多仅仅是试试水温，能源电力行业对于互联网企业来说可谓又爱又怕，因为互联网企业投身能源电力行业的优势和劣势都十分明显。然而在"互联网 +"时代，一切皆有可能。企业的核心竞争力不在于过去成功经验的重复，而在于对未来大趋势的精确把握。

第06章 "互联网+普惠金融"

《指导意见》将"互联网+普惠金融"列为 11 项重点行动之一，并特别指出是"互联网+普惠金融"而非"互联网+金融"，体现了面向草根需求的普惠金融的互联网金融特点，这是其贡献。事实上，中国的普惠金融已经借助互联网的东风遍地开花，如股权投资模式、众筹模式，一些企业也通过积极创新，在互联网金融百花园中争奇斗艳。

互联网金融成普惠金融的风口

2014 年被定义为中国互联网金融元年。在这一年，第三方支付群雄并起，余额宝成了千万人的电子钱包，P2P 网贷成为普通百姓的理财首选，众筹模式悄然走红。以 P2P 行业为例，据统计，全年中国网贷成交量达 2528.17 亿元，是 2013 年的 2.39 倍。

2015 年 1 月 18 日，腾讯主导的全国首个互联网银行——微众银行试营业，国内第一家民营互联网正式运行。据悉，阿里蚂蚁金服炒股软件春节后也将上线，互联网金融服务将覆盖得更加细分和深入。随着互联网金融的发展，多地政府加强了对互联网金融的监管。截至 2015 年 1 月底，包括上海、天津、江苏、重庆在内的多地政府在其 2015 年的政府工作报告中均提及规范和促进互联网金融发展。

互联网金融已成为不可逆转的趋势，而更重要的是，互联网金融已成为普惠金融的风口！

√ 助力普惠金融

互联网金融与发展普惠金融高度契合。普惠金融的服务对象主要是小微企业、城镇居民以及广大低收入群体，而互联网金融交易成本低、覆盖范围广、服务效率高，更能满足这些群体的需求。

中国银行市场交易商协会数据显示，中国目前仅有 33% 左右的中小微企业可以通过银行贷款获得资金，但通过众筹、P2P 网贷等新型互联网融资平台，小微企业能有效解决融资难的问题。互联网金融降低了金融服务的准入门槛，让小微企业、农商户等传统金融服务的长尾客户群也能享受到比传统金融渠道更加便捷的金融服务。

对于城镇居民而言，互联网金融打破了时间和空间的限制，客户能够享受更加便捷、迅速的产品和服务。客户在哪，服务就在哪。无论从产品设计上还是从操作流程上，都尽力做到简单、再简单。这种方便简单的服务模式，使得草根客户也能轻松享受金融服务，进而使全民金融成为可能。

随着信息通信技术（ICT）在农村地区的快速发展，把互联网金融创新接入农村金融领域，将会极大地推动中国普惠金融体系的发展。比如，金融机构可以通过 POS 机、手机银行和网上银行等方式向客户提供存款、支付、授信等一系列电子化的金融服务。互联网金融不仅突破了物理网点的限制，而且降低了农民获取金融服务的门槛。

与此同时，互联网金融的迅猛发展，给传统金融行业带来了巨大的冲击和挑战。面对互联网汹涌大潮，传统商业银行有可能成为 21 世纪"灭绝的恐龙"。如何运用互联网技术和精神，为传统金融业发展寻找新的动力引擎，成为商业银行的重要课题。

√互联网金融尝试

事实上，现在的金融生态正悄然改变。一些国有商业银行近来纷纷宣布"触网"。工商银行将充分使用互联网金融手段，加强与新兴互联网的合作；中国银行将以移动支付为核心发展在线社区金融服务；平安银行、光大银行均将加快布局互联网金融业务。而作为中国最年轻的"老"银行，邮储银行成立短短 8 年，就迎头赶上了互联网金融的大浪潮。

2010 年 6 月，邮储银行个人网银正式对社会公众提供服务，自此拉开了邮储银行通过互联网渠道服务客户的序幕。邮储银行先后拓展了电视银行、微银行、移动支付等服务，与遍布城乡的 ATM 共同构成了方便快捷、种类齐全、覆盖面广、纵横交错的电子银行服务网络。

2012 年底，中国邮政储蓄银行北京分行"电视银行"上线，将"银行开进客厅"，成为北京地区首家推行电视银行系统的金融机构。电视银行使得 300 万歌华电视用户可享受"家居银行"之便，足不出户就可享受"24 小时不打烊"的自助金融服务。通过电视银行，客户还能享受邮储银行的支付功能，基本覆盖了日常生活的全部金融需求。目前，电视银行已在全国 18 个省市提供服务。

此外，邮储银行加快与社交媒体的融合，逐步推出了微银行系列产品，覆盖了微信、微博、易信以及支付宝钱包等主流社交平台，成为国内第一家提供微博银行和易信银行服务的商业银行，并逐步探索微客服功能。微信、微博和易信银行的推出，使广大客户可以选择自己喜欢的方式，享受邮储银行提供的便利金融服务。"发展微银行，是顺应信息技术快速发展以及客户服务需求的必然选择，能够进一步发挥邮储银行的支付结算优势。"邮储银行副行长曲家文说道。

在移动支付领域，邮储银行推出了 NFC 移动支付服务，通过移动终端为客户办理各项业务。据邮储银行电子银行部业务员介绍，NFC 手机钱包不仅具有电子现金卡应用申请、注销的功能，而且具有包括账户充值、账户查询、交易记录查询等电子现金卡管理功能，日常使用起来非常方便。同时，NFC 手机钱包客户端通过实名制号码绑定、密码控制等策略，有效保证了通信访问安全。接下来邮储银行服务内容将从支付结算向理财、信贷等方面延伸，逐步走出一条线上线下协同发展的邮储银行互联网金融发展道路。

互联网金融，已经成为了普惠金融的风口！

PE 募资持续向好，VC 投资高歌猛进

PE 即私募股权投资（Private Equity），即通过私募形式对非上市企业进行的权益性投资。VC 即风险投资（Venture Capital），指对新兴的、发展迅速的、有潜力的企业进行的一种权益性投资。两者均通过上市、并购等方式出售持股获利。

在互联网金融蓬勃发展的形势下，加之新三板的扩容，PE 募资市场被投资者看好；VC 投资市场业绩持续向好，可圈可点。

√PE 和 VC 在 2015 年上半年的市场情况概述

（1）PE 募资以人民币基金为主导。总体来看，2015 年上半年基金募资氛围良好，从开始募集基金的数量和规模来看，LP（私募基金组织里的限合伙人）出资意愿强烈。从开始募集和募集完成的基金数目和规模来看，依然呈现出以人民币基金为主导的格局。

统计数据显示，2015 年上半年共披露 365 只基金成立和开始募集，基金募集目标规模为 1023.20 亿美元。在 365 只开始募集的基金中，有 348 只人民币基金、17 只美元基金；人民币基金的目标规模为 995 亿美元，占据开始募集目标规模的 97.26%，美元的目标募集规模为 28.20 亿美元。

与此同时，2015 年上半年共披露出 561 只基金募集完成，披露的募集完成规模仅为 164.13 亿美元，上半年募集完成基金的数量达到了近三年的峰值，募集完成基金的规模却达到了近三年的最低值。出现这种状况的原因，有业内人士认为，可能是单只基金的规模量级较小，还有就是 2015 年新兴起的新三板基金披露的基金规模较小。

披露的 561 只募集完成基金中，有 550 只人民币基金、9 只美元基金、港元基金和台币基金分别是 1 只，其中披露的募集完成的人民币基金规模为 137.15 亿美元，占据募集完成基金规模的 83.57%，美元基金募集完成规模为 25.21 亿美元，港元和台币基金规模分别为 1.29 亿美元和 0.47 亿美元。从开始募集和募集完成的基金数目及规模来看，依然呈现出以人民币基金为主导的格局。

在 2015 年上半年开始募集和募集完成的基金中，从募资规模上来看，成长型基金占主导；从募资数量级来看，开始募集基金依旧是成长型基金占主导；募集完成基金方面，则是新三板基金更胜一筹。

（2）VC 投资市场继续大放异彩。2015 年上半年 VC 市场继续大放异彩，投资势头强劲，从近三年的数据来看，VC 市场的投资持续向好。上半年 VC 市场披露的发生在中国区的案例数目为 1014 起，投资金额规模为 128.08 亿美元，投资金额规模创下了近三年的 VC 投资规模峰值，单个项目的平均投资额也创下了近三年创投市场的新高。

VC 市场投资案例更是可圈可点。从行业方向来看，依旧是互联网、IT 和电信及增值行业企业更受追捧。2015 年 5 月 6 日，爱屋吉屋（上海）信息技术有限公司完成 D 轮融资，本轮融资额达 1.2 亿美元，由纪源资本、晨兴创投领投，顺为基金、高榕资本等跟投，融资后公司估值超过 10 亿美元。

相比而言，发生在 PE 市场的投资案例有 372 起，其中包括几起较大金额规模的投资：2015 年 5 月 8 日，途牛公司新发行普通股认购价格为每股 5.33 美元，即每股美国存托凭证 16 美元，总计获得 5 亿美元注资。其中，京东有限公司出资 3.5 亿美元，占股 27.5%；弘毅投资、DCM、携程国际有限公司、淡马锡和红杉中国将分别投资 8000 万美元、2000 万美元、2000 万美元、2000 万美元和 1000 万美元认购相应的途牛旅游网股份。

（3）主要投资领域仍在制造业和互联网。从行业的分布来看，2015 年上半年 PE 市场的投资行业主要分布在 19 个行业，从投资案例的数目来看是制造业位居榜首，发生的投资案例 92 起，紧随其后的是 IT、医疗健康和建筑建材，投资案例分别是 57 起、38 起和 21 起。从投资金额的维度来看是电信及增值行业的投资占主导，投资金额规模为 34.67 亿美元，占据 2015 年上半年 PE 市场投资总规模的 20%。

2015 年上半年 VC 市场投资行业主要分布在 18 个行业，互联网和 IT 行业的投资依旧遥遥领先，互联网行业披露的投资案例为 410 起，投资金额为 79.38 亿美元；电信及增值行业披露的投资案例 202 起，投资金额为 20.39 亿美元；IT 行业的投资案例为 161 起，投资金额为 12.51 亿美元。

√ 新三板将成为未来 PE 和 VC 最繁荣的市场

随着 2014 年 1 月 24 日新三板扩容，285 家企业集中挂牌。截至同年 3 月 12 日，新三板挂牌企业达到 655 家，总股本和总市值分别约达 223 亿股和 1243 亿元。新三板的扩容，为 PE 和 VC 的发展提供了历史性的新机遇。

首先，PE 和 VC 在我国发展困难重重，主要是其退出机制单一，将 IPO 作为最主要的退出方式。其凭借新股发行的高发行价和上市后的高市盈率赚取大幅差价，获得几十倍的回报。因此，随着 IPO 受阻，PE 和 VC 也随之遭遇强地震。为了突破 PE 和 VC 的发展困境，必须为 PE 和 VC 提供更多的多元化退出机制。新三板恰恰为 PE 和 VC 提供了这样的平台。因为相较于主板这样的场内交易市场，新三板的主要特点表现为其低门槛。新三板的特点使得 PE 和 VC 有了更多的退出机制，新三板将会成为未来中国 PE 和 VC 最繁荣的市场。

其次，PE 和 VC 的发展不仅解决了自身困境，而且解决了两个重大问题。一是对广大中小企业的直接融资起到极大的促进作用；二是 PE 和 VC 在新三板的发展，对于整个市场结构调整具有重大意义。新三板的低门槛及企业的特点，使得企业可以更加方便快捷地通过并购重组来进行股权、股东结构的调整，从而实现企业组织结构的调整，最终对我国市场结构的调整起到积极的作用。

新三板是我国建立多层次资本市场非常关键的一步。新三板将成为未来 PE 和 VC 最大的市场；同时，PE 和 VC 也将为中小企业直接融资提供解决出路，对市场结构调整也有着积极的促进作用。

股权投资，当今中国最赚钱的生意

我们知道，"盈利性"即商业企业要盈利是商业企业最基本的属性。也就是说，只有盈利的企业才是对股东有回报的企业，只有盈利的企业才是对员工有保障的企业，只有盈利的企业才是对社会有贡献的企业，所以说"盈利"是企业的基础。而股权投资的商业模式，是当今中国最赚钱、盈利能力最强的一种商业模式。

为什么说股权投资是当今中国最赚钱的生意呢？请看看下面的一些商业案例吧！

√阿里巴巴：当年1元原始股，现在变成161422元

2014年9月21日，阿里巴巴上市不仅造就了马云这个华人首富，还造就了几十位亿万富翁、上千位千万富翁、上万名百万富翁，这是一场真正的天下财富盛宴。阿里巴巴上市前注册资本为1000万元人民币，阿里巴巴集团于美国时间9月19日在纽约证券交易所上市，确定发行价为每股68美元，首日大幅上涨38.07%，收于93.89美元，股本仅为25.13亿美元，市值达到2586.90亿美元，收益率达百倍以上，而到了2015年5月6日，每股股价77.77美元，市值1943.57亿美元。

√百度：当年1元原始股，现在变成1780元

2005年8月5日，百度上市，当天创造了8位亿万富翁（包括李彦宏、

刘建国、徐勇、梁冬、朱洪波等)、50位千万富翁、240位百万富翁。所有股东一夜无眠,彻夜庆贺。百度一位前台小姐也随着百度上市成了百万富翁,这在常人眼里几乎是不可能的事情,但却发生了!百度上市前注册资本为4520万美元,2005年8月5日,百度成功登陆纳斯达克,股价从发行价27美元起步,一路飙升,开盘价66美元,收于122.54美元,上涨95.54美元。首日股价涨幅更是达到353.85%,现股价为227.53美元,增长上百倍。而到了2015年8月11日,每股股价167.94美元,市值587.45亿美元。

√腾讯:当年1元原始股,现在变成14400元

2004年6月16日,腾讯在中国香港挂牌上市,造就了5位亿万富翁、7位千万富翁和几百位百万富翁。腾讯上市前公司注册资本6500万元人民币,股票上市时票面价值3.7港元发行;2005年,腾讯控股开始发力飙升,当年年底,其股价便收在了8.30港元附近,年涨幅达78.49%;到2009年时,腾讯控股以237%的年涨幅成功攀上了100港元大关,为中国香港股市所瞩目。2012年2月,该股已站在了200港元之上,此后新高不断。2014年3月该股股价一举突破600港元大关,2014年5月将1股拆为5股,现单股股价为136港元,总市值达到1500多亿美元。而到了2015年4月14日,收盘价每股161.2港元,市值约1949.14亿港元。

√格力电器:当年1元原始股,现在变成1651元

珠海格力电器股份有限公司于1996年11月18日在深圳证券交易所挂牌交易,当时总股本为7500万元,每股净资产为6.18元。而到了2015年8月12日,每股股价22.90元,市值1377.60亿元。

√贵州茅台：当年 1 元原始股，现在变成 1095 元

贵州茅台酒股份有限公司于 2001 年 8 月 27 日在上海证券交易所上市，每股发行价 31.39 元，上市首日开盘价 34.51 元，上市时注册资本为 18500 万元。而到了 2015 年 8 月 12 日，每股 211.10 元，市值 2651.83 亿元。

√东阿阿胶：当年 1 元原始股，现在变成 416 元

1996 年 7 月 29 日东阿阿胶在深圳挂牌上市，当时注册资本为 6238 万元，股票发行价格为每股 5.28 元。而到了 2015 年 8 月 12 日，每股 50.94 元，市值 333.16 亿元。

√海尔电器：当年 1 元原始股，现在变成 367 元

青岛海尔于 1993 年 11 月 19 日在上海证券交易所挂牌交易，每股股实际发行价为 7.38 元，而今股票价格为 20.13 元，青岛海尔上市前注册资本 1.5 亿元。而到了 2015 年 8 月 12 日，每股 17.56 元，成交额 3520.32 万元。

这样的例子在当今中国可以说数不胜数。每天通过电视、报刊、互联网的传播涌现到我们面前。我们不禁感叹，资本市场倍增的魅力如此巨大。在传统行业里需要几十年甚至几代人创造的财富，在资本市场经常一夜之间美梦成真。这就是资本市场的魅力，这就是在资本市场上进行股权投资的魅力，这也是在中国催生的、一个全新的商业模式对我们的召唤。以上这些真实发生的以及社会中无数案例证明：股权投资是当今中国最赚钱的行业之一。

2015 年，中国资本经济爆发出巨大魅力，这就是股权投资，它以"股权"为杠杆，撬动整个经济运转。股权投资是一个大工程，是振兴民族的工程，可以改变中国任何一个人的命运。中国进入了股权的时代！在股权时代，

人无股权不富!

"99众筹" 融入普惠金融发展思想

在众多互联网金融模式中,最贴近大众、最平民化的,也是老百姓最容易理解和接受的,应该算是众筹了。众筹是一个平民化的互联网金融模式,它不仅仅是简单地融资,更让众多普通百姓多了一种金融理财投资的模式。同时,也让更多的年轻创业者具备了起航的源动力。

那么,究竟什么是众筹呢?它的操作模式是什么样的?在这方面,作为中科创集团在2015年重金打造的新兴产品,"99众筹"在众筹模式中融入了普惠金融的发展思想。

√众筹丰富了普惠金融的内涵

从字面意义看,众筹就是众人筹集之意,也就是集合大家之力来完成一项具体的融资活动。也就是说,众筹其实是一种带有民间意味的金融投融资活动,只不过金额较小,参与人数较多,门槛可以降低,而且对小微企业或者创业类小项目而言,可以降低融资方面的风险成本。可以说众筹平台让普通老百姓能够享受到金融的好处,为投融资双方都提供了更广泛的效益与机会,同时也为整个社会注入创新活力,最大意义就是让企业得到发展,为整个社会做出更大贡献。

众筹的兴起极大地丰富了普惠金融发展思想的内涵。发展互联网金融,建立普惠金融体系,就是要在金融体系上进行大量的创新,包括制度创新、机构创新和产品创新，从而让每个人都获得参与和享受金融服务的机会。众筹作为最符合"普惠"理念的互联网金融筹资方式，具有最广泛的潜在用户群，它的出现，带来了金融理念的重大转变。

尤其是回报型众筹和股权型众筹，由于其具有参与门槛低、方式灵活的特点，已经得到了越来越多创业者的青睐。在社会和个人信用体系完备的北美和欧洲，这种全新的融资模式一经出现，即获得了爆发式的发展。"99众筹"就是爆发中的一个亮点。

√ "99众筹"的普惠金融思想与实践

在模式上，"99众筹"依托中科创金融控股集团的综合金融优势和优质客群优势，为国内唯一全面覆盖奖励式众筹、公益式众筹、股权式众筹、债权式众筹四大业务板块的众筹平台。客户可根据自身需求，规划自己的投资或者发起众筹需求。"99众筹"增加了奖励式众筹这一创新理念，开创多元化众筹服务。

在规模上，"99众筹"拥有近200人的专业团队，从技术、产品、运营、投融资四个维度对平台项目进行严格的筛选和推荐，并通过O2O的模式为项目方提供快捷的融资渠道，为投资者提供多元化的投资项目。

"99众筹"将全力打造项目多元、门槛较低、全民参与的创新型平台，并通过不同种类众筹优势的叠加，推动互联网金融创新，为国家"全民创业，万众创新"发展战略服务，使"1 + 1 > 2"，打造一个"互联网金融"创新的好平台。

就目前来说，众筹模式要在中国落地生根并取得长足发展，还有很多工作要做。"99众筹"融入普惠金融发展思想的实践，可圈可点，值得推广！

交行"超级最红星期五"营销传奇

2015 年 5 月 15 日，交通银行信用卡"超级最红星期五"如约而至，百万持卡人在同一天涌入全国 2700 家超市。数据显示，当天涌入超市的持卡人数同比提升 8%，消费者共计获得近 7000 万元刷卡金；所有参加活动的超市，刷卡金额都创下新高，带动的整体消费净增超过 15 亿元。

√ "超级最红星期五"的起源与发展

"超级最红星期五"是由"最红星期五"发展而来，是对"最红星期五"营销品牌的热力升级，以返还 50% 刷卡金吸引用户，银行提供超大力度优惠幅度，鼓励消费者在当天刷卡消费，促成当天在线下形成购物消费的高潮。"最红星期五"是交通银行信用卡以都市族群"星期五"情节为定位，以"刚需"为出发点，打造了业界首个"最红星期五"营销品牌，是交通银行广受好评的主题营销活动，该活动契合周末经济，提倡周末欢聚文化，在每周五集中推出包含各个生活领域的优惠活动，既实惠又方便，使信用卡用户在消费的同时，能够享受由交通银行信用卡与商户联合提供的优惠，获得刷卡金返还。

"超级最红星期五"是交通银行信用卡，从"最红星期五"营销诞生。其在发展过程中，优惠范围越来越广：有超市零售、汽车加油、电影院、屈臣氏、餐饮、KTV、4S 店、苏宁、酒店住宿、航空旅行等，这对交通银行信用卡统一提升品牌影响力有很大帮助；并且交通银行信用卡不断完善客户体验，在提供方便的同时让客户体验方便，参与活动越来越便捷，不仅办卡速度越级提升，而且注册更快速。当"最红星期五"升级为"超级最红星期五"后，优惠力度大幅升级，从返利5%上涨到返利50%，从2012年9月21日超市活动，到2013年4月19日超市活动和2013年10月25日加油站活动，活动平台从超市向加油站扩展，活动次数增加，优惠力度却不变，将来还可能扩展到更多其他平台。

√ "星期五"主题营销的衍生及拓展

交通银行信用卡累积多年的经验将"星期五"主题营销扩展到各个方面。比如超市、加油、餐饮超红、最红看电影、最红商户优惠等，几乎包揽了生活消费的方方面面。

（1）超市活动。活动期间，每周五于各城市参与活动的超市店内刷交通银行信用卡单笔消费满128元即可获得该笔交易金额5%的刷卡金奖励，交通银行白金信用卡可享受10%的刷卡金奖励！持62开头的交通银行银联信用卡（含联名卡及白金卡）尊享无须单笔消费满128元的特别礼遇。

（2）加油活动。活动期间，每周五于各城市参与活动的加油站内刷交通银行信用卡可享受该笔交易5%的刷卡金奖励，交通银行白金信用卡可享受10%的刷卡金奖励。

（3）餐饮超红。活动期间，持卡人于每周五到指定餐馆，通过扫一扫店内二维码、输卡号领红包、刷一刷获奖励三个步骤，即可享受最高150元的刷卡金返还奖励。

（4）最红看电影。活动期间，持卡人每周五、周六携本人交通银行信用卡至活动电影院，如该卡上一自然月有任一单笔消费满158元，即可凭卡兑换"超值电影购券"1张，每卡每月限兑1张，数量有限，兑完为止。

（5）最红商户优惠。活动期间，每周五在各城市精选商户刷交通银行信用卡消费，精选商户可获赠最高 15 倍积分奖励。

（6）锦江之星。活动期间，刷交通银行太平洋信用卡入住锦江之星连锁酒店即可享受每周五房费九五折优惠。持交通银行锦江之星信用卡入住锦江之星连锁酒店可在九五折的基础上再享九五折优惠。

√ "互联网 + 普惠金融" 营销秘密

"超级最红星期五"的各项飘红数据背后，是交通银行信用卡在"互联网 +"时代，应互联网金融市场环境、客户需求和服务模式的快速变化，着力打造"最红星期五"情怀的网贷理财成功。

（1）消费场景的打造。选择超市及加油站为切入点，是因为"这两项消费是刚性需求；而且，超市和加油都不会有固定的优惠，如果做营销活动，老百姓就会享受到实实在在的优惠。"通过 2015 年 5 月 15 日大范围实现刷卡返 50%，交通银行信用卡最大限度地激发了消费者的参与热情，更带动了一大批习惯网购的人群回归线下。

（2）产品层次的打造。作为"最红星期五"的年度盛宴，"超级最红星期五"延续了亲民、实惠、情感共鸣的品牌特色，在原有"最红星期五"品牌基础上，特选某一个星期五集中给予持卡人更多"刷卡优惠"，增强了"最红星期五"的拥护者对这一营销品牌的忠诚度和期待感。

（3）情怀的打造。一位都市上班族，最容易在周五得到缓解，所以星期五是"工作到生活的转折点，是释放工作压力、刷新自我能量的激活点，也是回归家庭生活，与家人朋友情感沟通的衔接点"，消费者在愉悦心情下的便利购物就能获得最高满意度。"超级最红星期五"凭借活动范围广、参与商户多、活动门槛低、不用排名、无须抽奖、没有奖励人数限制等众多优势，极大地激发了持卡人"我就爱实惠"的消费态度，最终形成了大批粉丝捧场的"最红"情怀。

随着 2015 年 5 月 15 日"超级最红星期五"超市狂欢的落幕，后续精彩的营销活动又已开始，如境外消费享 10 倍积分奖励、"每月来推荐，月月有 PAD 头"的网络推荐办卡送 PAD 活动、新客户网络办卡即送 100 元刷卡金及长期性的"最红星期五"超市和加油返 5% 刷卡金、覆盖全国 3 万家合作商户的优惠户折扣或返刷卡金活动等。由此可见，交通银行信用卡势将顺应"互联网＋"的大趋势，坚持落实将"方便"与"实惠"真正给予消费者。

创新互联网金融的 e 租宝 A2P 模式

作为互联网时代的一大创新，互联网与金融的结合正在集结为一股庞大的潮流，起源于美国，却在中国爆发出强大的生命力，发展速度与规模都超越美国。以国内领先的互联网金融平台 e 租宝为例，从 2014 年 7 月上线至今，累计成交额超过 120 亿元，已经为近百万投资客户赚取超过 8000 万元收益，发展速度可谓惊人。

e 租宝的成功，当然源于生逢其时。如今，互联网金融不只是风口，而且已经在金融、消费、互联网等领域掀起一股巨浪。在这股潮流之上，年轻的 e 租宝凭借其创新模式和对细分领域的专注，正在成为时代的弄潮儿。

√e 租宝率先开启 A2P 模式

互联网金融的主要业务包括网络借贷、在线支付、众筹、网上银行、企业和个人信用风险评估等，其中，网络借贷最先被引入中国。

在 e 租宝 A2P 模式诞生前，包括互联网金融鼻祖 Lending Club 在内，几乎所有网贷平台都采用 P2P 模式。在这一模式下，平台定位于作为网络借贷的信息中介，投资人选择向平台提出借资的申请者，平台撮合成交并收取少量中介服务费。P2P 模式引入中国后就被大量复制，各平台对 P2P 模式虽然也有一些改良创新，但总体而言大同小异，导致数千家平台千人一面，深陷同质化泥潭。

没有差异化的竞争不是长久之计，而差异化竞争必须以创新模式来支撑。在这种行业背景下，e 租宝则选择了另一条创新道路：以融资租赁为入手点开创 A2P 模式。

在 A2P 模式下，投资者面对的不再是一个个单独的直接融资项目，而是融资租赁公司已经形成的优质债权。和同质化的 P2P 平台相比，A2P 模式提供了更进一步的专业化服务。

更重要的是，在网贷平台最看重的风控能力上，A2P 模式已经被业内与学界认为优于 P2P 模式。

因为 A2P 模式在将优质债权打包转让之前，增加了一层融资租赁公司的物理风控，承租人对设备只有使用权，大大降低了承租人的违约风险，相比普通 P2P 模式风控仅仅依靠平台更为可靠。同时还设有第三方担保和保理机制，资金可以随时赎回，使得投资者更安心。

√e 租宝的普惠金融梦想

互联网金融之所以能够在中国如此发扬光大，本土的金融环境着实功不可没。由于金融体系的不完善，中国的金融服务一直难以满足社会各个领域的需求，包括公司、小微企业、家庭以及个人，其中尤其以小微企业融资难、融资贵的困境最为严重。在这种不完善的投融资环境下，以 e 租宝为代表的一批互联网金融公司横空出世，这些互联网公司以普惠金融为己任，一诞生就以惊人的速度成长。

在银行存款利率特别是小额存款利率非常低的情况下，e 租宝推出预期年化收益率 9.00% ~ 14.60% 的六种投资产品，全部 1 元起投。一年之内，e 租宝就达到了累计超过 120 亿元的交易额。而这些资金，全部通过融资租赁的模式帮助了众多缺乏资金的中小企业。服务中小企业这些相对低端的客户，并不像银行业务那样"高大上"，但本质上是为这些融资"弱势群体"创造一个公平的融资环境。因此，e 租宝获得了公众赞许与社会支持。

短短一年时间，e 租宝这家之前名不见经传的公司，就成为中国最大的融资租赁互联网金融平台。e 租宝也因此重塑了中国互联网金融行业格局：在此之前，从未有一家细分领域的平台获得过如此大的成功。

年轻的 e 租宝有一个目标，就是希望做中国互联网金融的金字招牌并且"走出去"。面对这一颇为远大的目标，如今鲜有人用怀疑的目光去看待，毕竟在瞬息万变的互联网金融行业，人们见证了越来越惊人的增速、越来越大的奇迹，因此也对未来有了越来越美好的期待。

e 租宝如今已经成为行业内一匹名副其实的"黑马"，未来也将会一马当先，在普惠金融的梦想中闯出一片属于自己的天地。

第07章　"互联网＋益民服务"

"互联网＋益民服务"行动是一种服务意识，每时每刻都要想着给群众、客户创造便利。事实上，益民服务的方式是多种多样的，而且很多服务并不是技术上无法改变，只要心有所想、身有所向，就有改进的动力，也会有改进的成果。比如P2P益民贷的创新服务、e袋洗变身居家服务O2O入口，都是成功的典型。

"互联网＋益民服务"带来的实惠

《指导意见》实施"互联网＋益民服务"行动的目的，是让老百姓通过互联网享受到便捷、高效、高质量、个性化的社会服务，给老百姓带来切切实实的实惠。主要是针对涉及老百姓切身利益的问题做出部署，包括政务、便民、医疗、健康、教育五个方面的服务措施。

√政务服务措施

《指导意见》在政府管理方面提出了五个方面的具体措施：一是推动公

共服务创新供给和信息资源开放共享。二是积极探索公众参与的网络化社会管理服务新模式，促进政府职能转变和简政放权。三是充分利用互联网、移动互联网应用平台，提高政府公共管理、公共服务、公共政策的响应速度。四是鼓励政府和互联网企业合作，建立信用信息共享平台，丰富社会公众信息的服务。五是利用大数据手段提升各级政府的社会治理能力。要提升国家治理体系和治理能力现代化，一个重要方面就是运用好互联网，这对改善政府服务非常重要。

√便民服务措施

《指导意见》注重发挥互联网开放、平等、互动、高效的优势，通过互联网与便民服务体系深度融合，大幅提升服务能力和普惠水平，使服务方式更加多样，使服务内容更加丰富，使服务供给更加高效，使服务途径更加便捷。一方面，大力发展基于线上线下互动的商业服务新业态，包括基于互联网的体验经济、分享经济、社区经济，还有旅游经济等，围绕居民生活，打造全方位的线上生活服务圈。另一方面，积极开展网上社保办理、个人社保权益查询、跨地区医保结算等。这些行动对老百姓都是实实在在的具体举措。

√医疗服务措施

一方面，积极发展移动医疗服务，为患者提供在线预约诊疗、候诊提醒、划价缴款、诊疗报告查询、药品配送等便捷服务，使用互联网将大大节省患者排队等候时间，非常便捷。另一方面，积极鼓励建立跨医院的医疗数据共享交换体系，推动医学影像、健康档案、病例、检验报告等数字化。

√健康服务措施

这方面部署了四项工作：一是支持健康智能产品的应用和创新，推广全面量化的健康生活新方式。鼓励发展个性化健康管理服务和延伸医嘱、电子处方等网络医疗健康应用。二是鼓励有资质的医学检验机构、医疗服务机构联合互联网企业发展基因检测、疾病预防等健康服务模式。三是依托现有互联网资源和社会力量，搭建养老信息服务网络平台，提供护理看护、健康管理、康复照料等服务。四是鼓励养老服务机构应用基于移动互联网的便携式体检、紧急呼叫监控等设备，提高养老服务水平。健康养老未来在中国是一个非常大的市场，"互联网＋"在这方面大有可为。

√教育服务措施

一方面，鼓励互联网企业发展新型教育服务模式，教育服务不仅是教育界的事情，互联网企业也可以从事教育活动，提供个性化教育服务。同时，鼓励互联网企业与教育机构合作，发展在线开放课程，探索建立网络学习、学分认定和学分转化制度，扩大优质教育资源普及范围。另一方面，鼓励学校整合数字教育资源，探索网络化教育新模式，通过线上线下教育资源对接，探索新的公共教育服务提供方式。

上述五个方面，都是通过推进"互联网＋"行动来改进服务、方便群众的重要方面和领域。当前线上线下结合，产生了很多新兴服务，涉及出行、家政、洗衣等诸多方面。一些O2O平台企业可以为消费者提供便捷、快速的网上下单和快速配送业务，使百姓的吃穿住行都非常方便，很多群众体验后都说方便好用，既提高了效率，又降低了支出。所以"互联网＋"行动中明确提出，要鼓励发展这样的新兴业态，让大家的生活更加方便、快捷，同时还能够促进就业，增加收入。"互联网＋益民服务"行动将给老百姓带来切切实实的实惠，未来感受将会更加深刻。

怎样建立"互联网＋益民服务"

在《指导意见》提到的11项具体行动中，"互联网＋益民服务"尤为抢眼。在践行群众路线和"三严三实"（既严以修身、严以用权、严于律己，又谋事要实、创业要实、做人要实）的大背景下，服务好群众是党和国家提升社会经济发展的着力点和落脚点。因此，建立"互联网＋益民服务"应该从硬件建造、技术运用、监督管理方面着手。

√硬件建造

全面建成"电网"全覆盖，为"互联网＋"打下基础。"互联网"是建立在大数据、大系统下的网络信息平台，如果没有电网的支持，甚至还没有"鸡公车"、"风谷机"来得实在。因此，在全面推行"互联网＋"的数据时代，应该先解决电网全覆盖的问题，做好局域网、交换机、服务器等基础保障建设工作。

√技术运用

扩大互联网技术技能运用面，提高群众实务能力。"互联网＋益民服务"可以提供网络化服务管理、群众线上线下消费等日常服务，但是如何运用互联网？对一般老百姓而言还是有困难的，因此，应大力推广互联网实用技术技能培训，从传统学校教育、社会化教育、基层党组织培训、农技园学习等途径提升互联网技能的运用。让群众的产品能够上网，这样才能够实现线上销售消费、线下基地建设的目标。

√监督管理

加强日常网络维护，提升医疗、养老、卫生、教育等民生行业互联网运用的监督监管。服务民生行业，逐渐全面实现互联网运用，从医院电脑联网开处方、做检查，解决了看病排队慢的问题；又从全国养老保险联网系统的建立，解决了养老保险地域限制的问题，可见互联网的运用对民生事业的建设是有益的。所以，对民生行业的互联网运用监督监管必须到位、过硬，只有这样才能赢得群众的信任和支持，才能更好地服务群众。

只要做好了硬件建设、抓好了技术运用、提升了监督管理，"互联网＋益民服务"就能真正建立起来并真正发挥作用，让群众获得更多幸福感。

P2P 益民贷乘 "互联网＋" 之风而行

2015 年 "两会" 出台 "互联网＋" 行动计划后，在 "互联网＋金融" 利好的时代，催生了众多网络金融实体。以 P2P、众筹和互联网理财等为代表的互联网金融迅猛发展，混业经营的趋势日渐明显，大量资本流入 P2P 网络平台，互联网借贷服务发展势如破竹。而深圳益民贷网贷于 2015 年 3 月上线运行，意味着网络金融发展逐步成熟，并向精细化发展。

√网络金融发展逐步成熟

据不完全统计，2015年，移动网民人数达6.86亿，国内P2P行业上半年成交额将突破2800亿元，行业平台数量超过1800家，超过西方国家成为全球最大的P2P市场。各种网络众筹、贷款平台如雨后春笋般涌现，虽然有一部分因为体制不完善、定位不清晰等而退出市场，但仍有一波又一波的P2P网贷服务平台推出。可见，互联网金融的发展使P2P网贷服务平台进入了深水区。

然而，爆发性增长的网贷服务平台促使网民日渐趋理性，网贷平台不能仅单纯用高收益率来吸引眼球，能否进一步提高平台的综合实力，在互联网金融的蓝海中脱颖而出，将会是P2P服务平台的竞争力所在，也将导致网贷公司向精确定位转型。

√细化定位，益民贷乘风而行

"互联网＋金融"的内涵是通过互联网促使金融业发展，两者相互支持、相互促进，全面推进社会经济快速发展。而大量资金、新技术和高新人才注入了"互联网＋金融"领域的同时，也为网贷公司注入了源源不断的产品创新能力。益民贷顺势而为，借助新常态下的经济优势，以车辆抵押及小额信用贷款为主要产品，为投资人和借款人搭建一个安全、高效的互联网金融服务平台，为中小微企业及个人提供可信赖的融资新渠道，实现资金融通。另外，又打造了专家团队，旨在在贷款撮合过程中减少资金风险，并通过设计严密的资金清算和结算制度来确保客户资金安全，为有闲散资金的用户提供安全可靠、高回报的投资理财服务。

益民贷的经验证明，创新的金融模式、精细化的产品定位，将会更贴近大部分投资人在时间期限、收益等方面的多元需求。随着 P2P 平台市场的不断成熟，长尾市场的刚性需求和规模将会逐渐扩大，未来更为便捷的互联网理财服务和融资渠道将会以更好、更丰富的形式呈现出来，P2P 平台定位会越来越清晰。像益民贷那样定位准确的 P2P 平台，会搭乘互联网金融进一步发展的东风，不断进行产品定位、深化功能创新以取得发展引爆点。

e 袋洗关掉门店，变身居家服务 O2O 入口

C2C 是几年前风靡一时的模式，是指一些互联网企业把国外成熟的互联网模式复制到中国来，比如，微博就借鉴了 Twitter 模式。但随着大数据、物联网的快速发展和大面积应用，互联网的发展也不能仅依靠简单地复制移植来完成，互联网的触角开始向传统行业蔓延，传统行业互联网化改造成为潮流和趋势。像洗衣店这样的传统行业，是如何与互联网"＋"起来的？这一行业中的典型企业拥抱互联网时的商业逻辑是怎样的？荣昌洗衣的 e 袋洗关掉门店，变身居家服务 O2O 入口，向人们展示了他们的"互联网＋"实践。

√拥抱互联网可扩大市场

荣昌洗衣成立于 1990 年，从家庭作坊式经营，慢慢发展成专业洗衣品牌。2013 年，推出基于移动互联网的"荣昌 e 袋洗"（即 e 袋洗）产品。

洗衣店主要是靠洗衣设备驱动，品牌商靠向每家加盟店卖干洗机赚钱，加盟生意就成了出售设备，而设备是一次性生意。与此同时，传统洗衣门店一直被业内和消费者认为属于毛利非常高的行业。以一件普通羽绒服为例，

在实体洗衣门店干洗,费用大概在 40~60 元,门店的毛利大概在 60%。而在一些市场竞争不充分的区域,实质上形成了一种垄断,因此这些区域的实体洗衣店被视为"躺着挣钱"。

一直以来,洗衣行业服务消费者的理念较为欠缺。拿荣昌洗衣以前的情况来讲,总部为了向加盟店卖出更多洗衣设备,想尽了各种办法,而加盟的洗衣店则在如何向消费者卖出更多储值卡上使劲,至于如何把衣服洗好,大家都不关心。因此,洗衣行业不能停留在原来的状态,要转型,核心就是从加盟商导向变成客户导向。

2000 年,荣昌洗衣开始转型,当年建立中华洗衣网时采用"一带四 + 联网卡"的模式,让终端客户和总部进行连接。2013 年 11 月,荣昌洗衣再次"自我革命",推出了基于移动互联网的 O2O 洗衣服务产品 e 袋洗。

如果联网卡被视为 PC 时代的转型,那么 e 袋洗可以看成是移动互联网时代下的转型。荣昌洗衣已经把线下门店全部关掉了,只剩下一些加盟店,以后都是互联网化。洗衣是刚性需求,借助移动互联网的模式,能够最大限度扩大市场。以后荣昌洗衣的竞争对手不再是传统洗衣企业,而是中国风头最强的移动互联网公司。因为荣昌洗衣跟洗衣没啥关系了,荣昌洗衣就是居家服务 O2O 的一个移动服务入口,只不过荣昌洗衣是拿洗衣作为一个单品切入,就像京东拿数码产品切入一样。下一步,e 袋洗将大力推动社区化。

√传统企业先认可互联网

事实上,尽管 e 袋洗在传统行业互联网化的过程中领先一步,但对于其他领域而言,尤其是饱受互联网冲击和侵蚀的行业,如零售业等,究竟是彻底拥抱,还是顽强抵抗,的确是横亘在这些企业面前的一个难题。

对此,荣昌洗衣创始人张荣耀倒是显得非常理性。他认为,传统企业先要认可互联网，读懂移动互联网，而如何拥抱互联网则要根据企业素质和基因来决定。衣服终究得有人洗，手机、空调等终究得有人生产，转型不转型取决于企业的基因，"但如果自己企业的基因是移动互联网，那现在有风头了，为什么不学呢?"

对于转型移动互联网的要素，张荣耀认为，第一，得有移动互联网的产品。第二，很重要的一点，利益链，要协调利益。第三，重新理顺供应链。

第08章 "互联网+高效物流"

"互联网+"的概念结合传统行业，都能掀起一股新风暴。尤其是"互联网+高效物流"被列入《指导意见》中11项计划后，将与智能制造、金融领域相结合，产生更高的附加值。事实上，有很多创新的物流产品如管车宝、福佑卡车、罗计物流等，充分利用互联网、物联网打造全新的模式，这已成为企业"群雄逐鹿"的重要对策。

"互联网+"风暴掀起物流行业新变革

互联网与物流的结合已经多点开花，通过资源整合不仅开启了整个传统行业的新变革，更可能使我国物流费用高、效率低的传统局面迅速转变。

√互联网开启物流新变革

近一两年来，陆续有企业推出互联网车队、互联网整合物流园区、互联网的物流交易平台，成为以互联网模式融入传统物流的商业模式，蕴含了巨大的商业潜力。尤其是在2015年，不断触网的物流业将开启新变革，不少公司开始在"互联网＋"中寻找物流业新商机。

"互联网＋"与物流的不断结合，可能加速实现我国物流业的转型，即互联网物流的发展。物流业和互联网结合后，就可以通过网络平台来协调货物和运力间的配送关系，形成"互联网＋物流"的方式，实现物流业的变革转型。

业内认为，物流平台向互联网迈进已在不少领域体现出来，如零担物流平台、公路港平台、快递平台、最后一公里平台、物流园区平台等平台化的发展方式都体现出各自的价值，构成了我国物流的互联网商业形态。

√三大优势开启物流业的互联网时代

传统物流行业迎来互联网后，会产生高效、低价、整合这三大旧模式所无法比拟的优势：

（1）提高行业运行效率和货车的使用效率。通过互联网信息聚合，将有效匹配货运资源，减少空车返程。有的物流企业的司机通过互联网平台，在很短的时间内找到"回头货"，减少无效时间，一个月可以多跑一倍路程，收入也将因此翻倍。

（2）大幅节约成本。互联网平台省去了多个中间环节，使货主的运费大大减少。以北京到上海的货运为例，平时一车货源要倒几次手，每次加上10%的运费，而互联网物流平台上直接显示一手的货源，费用仅需平时的70%。

（3）提高货运司机收入，通过互联网改变行业生态。一方面，这将改善现有从业人员收入。数据显示，我国目前约有3000万名货车司机，背后支撑的家庭供养人口不下1亿人。这部分群体经常省吃俭用，带着被子住在车里，过得非常辛苦，但事实上他们的生存状况没有得到应有的关注。另一方面，互联网平台将简化以往物流的多个中间环节，提升效率的同时，重塑行业生态格局。

√信息化成"新常态"下物流制胜关键

当前是物流业最好的发展时机。2015 年我国经济增速换挡将基本完成，经济由传统的以要素投入、工业拉动、政府主导、高速增长为显著特征的发展模式，向结构更合理、速度更适中的阶段演化；《指导意见》将"互联网＋高效物流"列入 11 项计划中。在这样的"新常态"下，物流作为生产性服务业将迎来一轮新的发展机遇。

专家指出，未来当物流业网络布局与整合完成时，我国数千万家企业的物流成本将平均降低 20% 以上。更重要的是，每年因为车货匹配的效率提升，货车空载率降低，互联网激发出的一个万亿级货运金融池将被盘活，工业企业效益将显著提升。

专家认为，未来物流业的变革在于企业之间的模式竞争。各路资本和技术云集物流，推动虚实结合的物流平台成为行业整合的突破口。物流企业的竞争也将进入模式战，充分利用互联网、物联网打造全新的模式，是企业在"群雄逐鹿"中脱颖而出的重要对策。物流与信息化的融合成为未来企业制胜的关键。

管车宝"货源小黑板"的车货匹配功能

据统计，2013 年，我国货运车辆总数已超过 2000 万辆，数目非常庞大。

但是，由于我国运输业以个体车辆为主体的现状，道路运输发展水平也参差不齐，货车地域分布极不平衡，全国范围的运输协调、调度及综合控制能力根本无法满足物流市场的需求，致使车货难匹配、货车空载率居高不下，极大地增加了物流运输成本，使物流业陷入发展困境。

如何从源头上解决车、货匹配难题，降低货车的空载率呢？对此，需要基于我国的物流现状来对症下药，即改善车、货匹配方式，让"货找车"占据主导地位。如合肥维天运通旗下的路歌管车宝，就是一款帮助物流行业提高车、货匹配度，让货主动找车、快速提升调车效率的创新模式。

维天运通将自身积累了十多年的运力资源进行整合，通过资料审核、历史轨迹分析优选出百万辆车的资料，将社会车辆搬至信息平台，打造出国内最大的网上车库——"路歌车场"，帮助物流公司直接线上调车，让更多的货及时找到合适的车，来彻底解决车、货匹配难题。

2014年上半年，维天运通推出了"物流经纪人"角色，来搭建物流公司与司机之间的信任桥梁，为物流公司提供全面的物流服务，包括调车、运输挂价、货物在途信息反馈和保证金制度，来承接线下物流交易必须进行的工作流程，在促使交易最快达成的同时，还提升了物流公司自身的上游服务能力，通过树立品牌形象来获得更多的生意机会。

传统的小黑板在物流园区随处可见，是物流公司用于发布货源信息、完成配货普遍采用的调车方式。管车宝的"货源小黑板"则是根据物流行业这一货源发布难题而开发出来的快捷有效的车货匹配功能。货源小黑板主要是帮助物流公司更加快捷高效地实现车货的高度匹配。在一定程度上为物流企业降低运营成本，提升企业在市场中的竞争力与服务力。那货源小黑板相对物流公司门口的小黑板，又有哪些优势呢？

√自动筛选更省时

货源小黑板根据发布的货源线路以及需求的车辆情况，自动为物流公司筛选符合需求的车辆，免去人工筛选的巨大工作量，同时也极大地节约了时间成本，让货源发布更加快捷有效。

√量需发布更高效

物流公司可以根据自己的货源需求，将货源信息发布给自己车队的司机，也可以同时将货源信息发布给路歌车场中相匹配的卡车司机，扩大调车的渠道，也能保证更快地调到最适合的车源信息。

√静候佳音更省钱

物流公司货源发布出去后，符合需求的司机会主动联系物流公司，节约了传统"主动出击"过程中高昂的电话费成本。

信息小黑板的出现，将物流交易中的线下货源发布、司机接单、物流公司派车、收取信息费的流程串联起来，搬至物流信息平台上，实现了信息的无缝对接，让货源主动寻找合适的车辆，极大地提高了调车效率。

目前，路歌管车宝物流定位、调度系统已服务过超过4万家物流公司用户，并聚集了整个产业重型卡车总数的40%。其正以不断蓬勃向上的姿态，帮助更多的物流企业改革、创新，摆脱物流发展困境，让"货找车"的主流配货方式造福整个中国物流业！

福佑卡车用"滴滴"模式改造"长途整车"

福佑卡车创始人单丹丹和公司 CTO 曾经在北京南五环看着迎面而来的车辆，仔细记录着奔驰而过的大货车，结果表明，近一半货车是在"空跑"。这并非偶然。相关数据显示，由于缺乏信息的整合和共享，大量货车找货、配货时间长，空载率高达 40%，有效行驶里程平均每天只有 300 公里。而在美国，一辆货车有效行驶里程平均每天达 1000 公里。与此同时，国内大货车车辆停车配货的间隔时间平均长达 72 小时，造成大量资源浪费和尾气排放。作为传统物流行业从业者，单丹丹致力于改善这一现状。

2013 年，单丹丹成立了福佑卡车 O2O 平台，它将整车物流作为切入点，整合货源、司机、经纪人（即司机代理人）三方信息，通过移动互联网技术，力图实现货源和货车的智能匹配，从而提高其运输效率。

√用互联网改造"长途整车"

其实，用互联网思维改造传统物流行业，一直是单丹丹的梦想。创业的第一件事，就是要寻找一个最佳的市场切入点。

成立福佑卡车之前，单丹丹已经在江苏运营一家当地的物流公司数年。经验告诉她，长途整车市场是最应该被互联网改造的一环。因为和其他物流环节相比，长途整车运营效率尤其低。比如，由于信息不对称，司机有时会在一个地方等 7 天才会拉到返回的货。而长途整车运输通常占到企业物流费用的 70%，如果提高效率，货主最多可从中节省 10% 的成本。单丹丹估计，目前中国市场大约需要 3300 万辆货车来承载货物的运输，如果让每一辆货车都充分跑起来，实际上不需要那么多货车。货车的减少，不仅节省了大量资源，对环保也是一个巨大的贡献。

最终，单丹丹选择长途整车物流作为改造物流行业的切入点。

√ 服务在先，用户量在后

单丹丹的第二步，是吸引更多的司机和货主到福佑的平台。不过，凭借十几年物流领域积累下的资源，她只需要将线下的货主和司机导入平台即可。

事实上，比起线下的资源，目前福佑平台上的用户还没有被完全导入。常见的互联网思维是"先做量，再做服务"。但单丹丹并不遵循这样的套路，她要先做服务，再凭借口碑去扩大平台用户量。理由是：福佑卡车做的是 B 端业务，和 C 端相比，用户量没那么大，但是重复消费率高。为当前的用户做好服务，远比盲目扩大用户量更重要。

为什么服务至关重要？尽管很多人都把"物流 O2O"喻为物流行业的"滴滴打车"，但事实上，单丹丹比任何人都清楚，除了模式相近外，货运的难度比出租车大得多。

首先，出租车路程短，且受到运管处的直接监管。货车管理相对松散，运输距离长。中途发生货物遗失，或司机行驶到中途要求加钱以及交通事故等，都会给货主造成极大的损失。其次，运费计算难度也不一样：打车只按照行程计费，但货运运费计算复杂，除了行程以外，还要受货物装卸难度、季节、时间的早晚、地域状况等各种因素的制约。

√ 用产品思维打造"物流 O2O"

在移动互联网时代，人们津津乐道的是产品思维。而通过打造互联网产品，尽量规避可能出现的风险，是物流人面临的新任务。

以前，传统物流大多依赖人工服务。以确定地理位置为例，货运公司会跟司机进行数次通话，询问司机当前的地理位置，然后再把得到的信息输入系统。但现在先进多了，借助移动互联网技术，根据地理位置、载重量、体积、车长等货车信息，福佑卡车能准确地帮助司机找到最近、与车型最匹配的货源。

在单丹丹看来，货主都希望得到公平合理的运输价格，而不要被"宰"。她力图让复杂的运费也变成标准化产品，为货主提供一个公道的价格参考。

根据季节、一天中的时间点、装卸货物时间的长短、城市的具体情况，在系统内设定标准化的参数值，从而得出综合的价格指数，就可做到标准化。但单丹丹坦言：要想更好地完善"价格参考指数"，仍然需要积累大量数据。"有了数据，如何使用？用完以后，能够给平台带来多大的收益？没有对这个行业的深刻理解是无法做到的。"单丹丹将对行业的理解程度视为福佑卡车的核心竞争力。同时，为了进一步增强司机的服务意识，福佑卡车下一步打算完善平台的评价系统，让货主直接对司机的服务做出评价和打分，从而培养出一批优秀的货车司机。

√搭建司机创业的平台

司机是这个平台上重要的一端，对司机的管理，可以说是保障服务水平最重要的一环。然而，单丹丹常年跟货运司机打交道，对这个群体再熟悉不过了。他们虽可爱、勤劳，但同时也有着令人头疼的一面。

在传统物流公司，货车隶属于货运公司，司机要为货车损坏"埋单"。有时候被罚了钱，司机就把怨气撒在车上，这导致货运公司的车辆平均寿命偏短。同时，司机很少想到要为公司节约油钱。一般来说，货车开到60千米/

小时是最省油的。但有时司机为了提前到达送货地点，争取更多的休息时间，可能将速度加到 80 千米/小时。货运公司的利益和司机的利益并不总是一致的。

自动自发就是最好的管理。依靠内在驱动力，司机会对自己的车辆爱惜有加，并且想方设法提高服务水平，争取赚到更多的钱。在福佑卡车的平台上，单丹丹的商业逻辑是将货车司机从以前复杂的管理关系中解脱出来，让他们成为创业者——不再受公司约束，而是为自己打工，所挣的每一分钱都归自己所得。

目前，福佑卡车并不急于向司机和货主收费，而是将重心放在服务好现有用户上。不过，依照单丹丹的设想，等将来司机的使用习惯被培养起来后，福佑卡车可为司机做机油、润滑油、保险等产品的团购。在司机休息的地方，进行相关消费信息的推送。此外，还可根据司机的信用、信息运输的里程数为他们提供贷款。

罗计物流用互联网重整货运"逻辑"

很少有人意识到，我们每天的花费中，约两成都在为低效而高昂的物流成本买单。从事物流行业的"85 后"宋睿从中嗅到了商机。2014 年，他开始带领团队打造货运行业"打车"软件罗计物流，试图借助移动互联网让货主和车主高效对接。如今，罗计物流拥有 100 多万用户，覆盖 30 多个城市，已完成上亿美元的 B 轮融资。

√用互联网解决货运"痛点"

在中国的每个物流园区，都驻守着一批吃苦耐劳的货运司机。他们通过园区中介来获得运输信息，为此付出每笔 100～300 元的中介费。他们也会去物流园区信息部排队领任务，往往还没排上，货已发完。司机为争取一个活儿，要在园区等候三五天，吃住都在车上。大部分时候，司机拉着货去，却空着车回，回程的油费成为高昂的成本。

司机的无奈是中国物流行业低效的缩影。国家统计局公布的数据显示，2014 年中国社会物流总费用占 GDP 比重达 17%，是发达国家的两倍。全国政协委员、全国工商联副主席徐冠巨在 2014 年"两会"期间就曾经表示，我国现阶段公路货运车辆空驶率高达 40%。

有痛点的地方，就有机会。打车软件刚刚问世的时候，宋睿就觉得货车也需要类似平台。2014 年，他辞去美国上市公司的白领工作，带领团队在中国打造货运物流软件。宋睿面向货主和车主推出了两款不同的软件——罗计找车和罗计找货。货车司机打开罗计找货，点击"货源一览"，就能看到货源地理位置、货物类型、重量、发货时间、车辆需求，车主根据要求对接发货方。

从司机和货主的体验看，罗计从四个方面改变了传统的物流体验：借助移动互联网提高了供需信息匹配的效率；绕过信息"黄牛"从而降低了司机的成本；提前定好返程运输的货物，因此降低了货车空驶率，也提高了司机的收入；通过司机评价体系，建立了完善的信用保障机制。

√投身物流，水到渠成

对宋睿而言，选择物流行业创业水到渠成。在加州伯克利大学，他学习的工业工程专业是以供应链和物流为主；在普华永道，他从事过优化供应链的项目；此后，他成为纽交所上市公司兰亭集势总裁郭去疾的特别助理，接触到跨境电商物流。从读书到工作，他所有的经验都与物流相关。

2014 年，宋睿萌生了创业的想法，得到老板郭去疾的大力支持，郭去疾甚至给了他一笔天使投资，还介绍他认识了真格基金创始人徐小平。徐小平为宋睿提供了非常关键的支持——500 万元的天使投资。

去哪儿网的技术总监、阿里巴巴的"地推"精英、百度和德邦物流的运营人才……罗计物流组成了一支华丽的创业团队。那么怎么打开市场？宋睿决定从物流园区突破。在软件上线前，宋睿的团队走访了全国 17 个物流园区，和司机交谈，与货主聊天。和园区的良好关系，为今后的广告推广打下了基础。

2014 年 7 月，罗计不仅获得了徐小平投资，也得到了 IDG 的 300 万美元天使投资。8 月，罗计物流上线，第一批客户都是在调研期间积累的园区资源。2015 年 3 月，罗计收获了来自多家国际投资机构的 1.26 亿美元的 B 轮融资。

罗计所做的，是用互联网改造物流行业，这正是我国《物流业发展中长期规划（2014～2020 年）》提出的发展重点。这份规划表示，要加强移动互联等先进信息技术在物流领域的应用，鼓励各类平台创新运营服务模式。

如今，罗计物流团队已从创始之初的 20 人增加为 300 多人。在宋睿看来，员工是与公司共同成长的伙伴，而非"打工仔"。他坦言，找到合适的人才是公司面临的最大挑战之一。

成都润宝仓配顺畅的一体化供应链

自"互联网＋"新经济形态发展以来，成都润宝物流有限公司（以下简称"润宝"）深知仓储配送对企业市场运作后发的重要性，在不断加强自身硬、软件设施，提升业务处理能力的同时，也积极与客户展开沟通合作。力求仓配一体化供应链的顺畅，以更高的效率、更快的速度、在最短的时间内完成配送庞大的订单。

√润宝 WMS 仓储系统

润宝应用先进的 WMS 系统实现与客户销售平台系统完美对接。这项举措改变了以往的配送模式，第三方仓储公司与客户一起站在销售前沿，对接后仓储管理系统直接显示即时销售订单，仓库内可以按照订单进行拣货打包配送；而企业方也可以直接通过系统看到仓库内库存和商品配送情况。

系统的对接，不仅保证最快发货、减少了数据交接的人力和时间成本；仓库管理软件还避免了人为出错，在发货前系统有复核功能，扫描订单号，再扫描货品，可以检查货物是否拣错。这就使润宝仓配在保证出错率低于万分之四的同时，还可节约30%的物流成本。

√最快、最好

润宝仓配服务严谨的流程、精密的系统管理、专业的生产量化线，为实现最快、最好提供了保障。

在"快"的方面，润宝认为，没有最快，只有更快，并推出"次日达"服务。润宝在和"小麦公社"的合作中提出"次日达"的配送时效，将发货效率提升了 4 倍。也就是说，别人刚发出去 1 件包裹的时候，润宝已经有 4 件在路上了。在国内仓配物流发展中，物流配送的标准随着各大电商服务竞争日益激烈而不断提升，电商物流的时效也成为核心竞争力。"次日达"显示出罕有的高效。专业的仓配理念使得供应链优化，系统的无缝对接让润宝在发货效率上明显提高，再加上润宝自身拥有西南地区的配送能力和仓库内专业的运作团队，从而加快了物流速度，保证货物次日顺利到达。

在"好"的方面，润宝实行严格的进出库流程，运用 WMS 系统，以条码管理，每件货品自入库到出库都有独立的"身份证"。在活动期间，每天 3 万以上的订单量，润宝也能应对自如，以系统引导管理仓库内运作，保证精准发货，准时到达。

润宝仓储供应链的优化、系统的无缝对接，让配送供应链中的每一环都紧密衔接，不管是对新型电商企业来说，还是对传统企业来说，润宝都为各大企业有效地释放了仓配压力。

第09章 "互联网＋电子商务"

《指导意见》锁定"互联网＋电子商务"，并明确了由发展改革委、商务部、工业和信息化部、交通运输部、农业部、海关总署、税务总局、质检总局、网信办等负责。九部委共同培育电商，足以显示对电商的重视。而在互联网经济巨大的发展潜力下，早已有韩都衣舍、东风村、村村乐等成功典型的存在和发展了。

"互联网＋"时代的电商新方式

随着新型产业的崛起，各行业的商业模式发生了很大的转变，这主要表现在电商模式上。如 O2O，当前各领域已经摸索出来的 O2O 模式不下几十种，社区 O2O、车后 O2O，美业 O2O、教育 O2O 等各种形式的 B2C 电商越来越多，人们的生活方式正在随着这些行业电商形式的变化而改变。同时，物联网、智能硬件、云计算、大数据、3D 打印等高新技术的进一步应用，让人们的交流、出行方式乃至工业生产方式都发生了很大变化。

互联网企业在不断探索与融合中改造及颠覆了传统行业存在的很多不合

理性，同时也倒逼传统企业不断改变与模仿。这是一种创新，需要打造"互联网＋"时代新的电商方式。

√大众做电商，需要更多创新的在线生活方式

凡是与"衣食住行"相关的行业，都会有极大的市场，因为这是与民生最贴近的。围绕民生可以做很多文章，既可以做泛市场，也可以做更细分、更垂直的市场。一个肉夹馍、一件衬衣、一个家庭旅馆、一辆自行车都能成为一个大生意，美甲、美发、洗衣、家务、维修等传统手艺都能借O2O来服务更多的人。总体来说，这些都是将传统行业互联网化，也就是说，人们的消费由过去的线下去店家变成线上预约并上门服务，实现了在线生活，与在线生活相关的所有模式相对于原行业都是一种创新。目前基本各行业的情况都是传统与创新并存的局面，且创新的线上模式只占一部分。

无论这些行业的商家采用什么样的方式，最终还是要实现商品及服务与消费者的交易，本质上还是电商，只不过不是简单的钱与物的交易。

√新工业做电商，需要改变传统的流通方式

电商的存在不仅是为了改变人们的传统生活方式，更多的是为了解决全社会全行业的资源合理配置问题。在"十三五"期间，每一个传统行业尤其是生产制造业，都有责任与义务打造自己的升级与转型计划，向智能化、互联网化、数据化的方向迈进。而这也是"互联网＋"提出的大背景。借助互联网融合全产业并促进传统企业升级转型，是非常有必要的。

与经济息息相关的能源、化工、钢铁、林业、农业等行业，都有相关企业通过互联网化改变了商业模式与形式，最终还是通过电子商务的形式连接到人，实现不一样的更易于人们接受的商业交易。

√传统企业互联网化，需转变生产组织方式

"互联网＋"的提出，一定程度上促进了企业互联网化的进度，有些传统企业直接改变了生产组织方式，有些则是先颠覆了自身，重新开始，这样做的企业都是传统企业互联网化的排头兵。

传统企业在形式上是生产制造型商家，但主要还是在企业运营的组织方式以及运营思维方面，这主要体现在运营效率、人员管理以及反应速度上。或者说，对于新的事物如物联网等领域他们不敢想或者感觉不可能。事实上，现代生产制造型企业离不开物联网、云计算、大数据、机器人、人工智能以及3D打印等技术的支持，比如，大数据可以指导生产，物联网实现生产车间互联，云计算提供必要的协同办公等支持，机器人、人工智能与3D打印提高生产效率并做一些人力原本不能做的事情，这是传统制造业的未来，也是工业4.0时代的一部分。

未来的世界是平的，是互联的，是场景的，是智能的。因此，除了云计算、大数据、机器人、人工智能、3D打印等技术之外，生产制造型企业在商业模式上也需要做更多尝试与突破，共享经济、众包、平台、生态、社群、粉丝、产品、用户、快速迭代等思维都应该在传统企业得到应用，产品的生产、销售及管理都要尽量用数据说话，用图形表达。

未来的电商新模式将随着更多的新商业模式而诞生，这些形式可能是钱物交易，也可能是以物易物，或者还有更多变的模式。无论怎么变化，万变不离其宗，最终还是让人们能够便捷地享受新工业、新技术带来的更高品质的商品及服务。

"互联网＋"行动计划的提出与实施，尤其是《指导意见》锁定了11项重大目标，这一天不会太远。

韩都衣舍的营销、运营、供应链模式

在 2014 年之前，韩都衣舍就已经有了一定的知名度，但美誉度和品牌力量还不够，急需事件营销扩大品牌名誉。基于这个方向，韩都衣舍采取营销、运营、供应链模式，三管齐下，将自己打造成了著名的互联网企业。

√营销策略：与影视明显合作，实现"效应"传播

韩都衣舍 2014 年和《来自星星的你》主角全智贤合作，签约三年，极大地推动了品牌销售。另外，韩都衣舍整个 2014 年的品牌营销主线应该算是 Star VC（由影视明星任泉、李冰冰、黄晓明共同出资组建的明星风险投资机构）营销。

Star VC 通过逻辑思维发布了进入投资圈的信息后，韩都衣舍第一时间开会讨论合作事宜。最开始接触时，任泉和李冰冰都不知道韩都衣舍，觉得和品牌有距离感。但因为韩都衣舍准备非常充分，又用了一个星期来沟通，对方才愿意协商合作。

2014 年 7 月 15 日合作谈好之后，韩都衣舍就开始着力传播。因为事件本身有爆点，所以公关团队没有做太多颠覆性动作，而是联系国内比较有名的电商自媒体进行传播。另外，韩都衣舍也让明星录了一些祝福视频，通过品牌所能联系到的所有渠道进行低成本推送。

因为韩都衣舍是 Star VC 投资的第一个项目，明星不仅是代言人，更是投资者，所以消息公布后，大多数媒体都给出了头条报道。在微博、微信、

自媒体渠道，黄晓明、李冰冰与韩都衣舍及粉丝们进行互动。在整个"双十一"之前，也就是 9 月 25 日公布签约起至"双十一"，韩都衣舍只做了一件事，就是推 Star VC 的三位明星入股韩都衣舍。

韩都衣舍与影视明星合作的营销策略，实现了用明星引爆粉丝效益。

√ 运营策略："三人团"单品全流程运营体系

韩都衣舍的单品全流程运营体系指的是，将产品研发人员和整个页面制作的设计导购人员以及货品和库存的管理人员打包，编成一个小组。一个小组在结构上是三个人，再以单款来考虑，用售罄率倒逼各个链条做好单款生命周期的管理。

具体的做法是，每个季度企划中心会规划流行元素与需要的款式数量，每个小组拿到数据后，根据小组路线特性设计不同元素的衣服，并全权负责配套的页面制作、定价，预估每款的生产数量、所需流量等。

资金方面，每个小组可以自由支配资金额度，额度与小组的销量直接挂钩，卖得越多，额度越大。本月的资金额度是上个月销售额的 70%。比如上个月卖了 500 万元，500 万元的 70% 是 350 万元，那么这个月该小组可以用 350 万元再去下新的订单。

与之配套的是一套"爆旺平滞"评价机制。韩都衣舍每隔 14 天会将所有款式拉通比拼销量，销量高的爆款或旺款，马上返单。相对低的平款或滞销款，马上打折促销。

小组提成根据毛利率和资金周转率来计算，因此韩都衣舍很少有统一的打折促销，而是每个小组根据商品情况做促销决策，以保证毛利率和资金周转率。如果一个小组的产品长期卖不出去，那么就会被打散重组。这一做法带来最直接的好处，是平均每天上新近百款，在架销售的商品达 5000 余款，当季规划开发新品约4500款，同时售罄率还保持在95％。

√供应链策略：多款少量、快速返单、灵活性

传统品牌每款铺货上万件，这就像拳击手打出的一记重拳，力量虽大，可一旦落空，风险极大；而电商少批量、多批次的销售更像咏春的贴身短打，一旦击中则数拳跟进，一击不中立刻改换套路。

韩都衣舍在2015年要做的是将在传统服装企业生成一件衣服所需的包括打版、裁剪、缝制、后整等工序，进行模块化切分，一个工厂只负责一个工序，一件服装的生产将由多个工厂共同完成。通过切分供应链，将订单进一步微分，在确保效率更高、速度更快、品质更好的基础上，获得更短的资金周转周期、更少的库存和更小的风险。

这个方法此前已经在山东做过试验：打版由韩都衣舍负责，裁剪和后整则由诸城一家供应商承接，缝制交由当地服装厂。这次尝试共生产服装400多个款，每个款分大中小号，两个颜色，单款只有40件左右，共1.6万件，达到了预期销售目标。

电子商务成功背后的社会化营销逻辑

一直以来"淘宝"是大众眼里的电商品牌代表，经营着服饰、化妆品和3C产品等品类。然而，近几年，"淘宝"不再是一枝独秀，电商界风起云涌，出现了很多垂直化、同质化的电商品牌。同质化竞争进入白热化阶段，电商之间的竞争变得更为激烈。那么如何才能突围而出？越来越多的企业开

始注重品牌营销,特别是利用社会化营销手段来塑造品牌。

社会化营销被认为是获得新顾客、留住老顾客的有效手段,其所具有的精准、互动和口碑营销的作用不可小觑。那么,电商品牌应该如何在社会化媒体渠道发声、如何进行社会化营销?如何获得新顾客、留住老顾客?社会化营销是不是意味着就是要开设品牌微博账号或者微信公众号平台?如何解决品牌信息单向推送缺乏互动的问题?这些都是社会化电子商务热潮中的热议话题。下面,我们就从三个电商品牌社会化营销案例开始盘点。

√褚橙:打造高溢价的农产品电商

本来生活网以"讲故事 + 文化包装 + 食品安全 + 社会化媒体营销 + 产销电商一条龙",打造了 2013 年褚橙的大卖。其中将大数据技术和社会化广告技术进行结合,通过"传播 + 预售"促销活动相互配合的形式为褚橙的售卖做预热的方式值得借鉴。

褚橙的成功有以下要点:

(1)利用大数据技术为社会化广告投放提供方向和依据。精准锁定目标人群,进行定向推广,搜集信息范围包括产品潜在粉丝、竞品消费者、达人意见领袖等。

(2)为产品传播进行内容营销。制定了三组适合社会化传播的内容方向,包括褚橙产品安全方向、褚时健故事励志方向、微博粉丝独享优惠方向,建立起与目标消费者联系的桥梁。

(3)将大数据技术捕捉到的精准画像与内容方向进行匹配。制定不同投放组合计划,测试出互动率最高的传播组合进行重点推广,确保每一分推广费用都花在刀刃上。

(4)邀请达人品尝励志橙活动,开展"无任何门槛"形式的馈赠活动。

搜集了 1000 名不同行业的 80 后创业达人进行了褚橙无偿激励赠送活动。30% 的达人接受了赠送，后续带来了更多围绕褚橙的热议话题。

√酒仙网："双十一等酒了"

酒仙网在 2014 年"双十一"当天全网完成销售 2.21 亿元，其中第一个小时就销售 4000 万元，超过 2013 年同期全天的 2/3，成为酒类电商的最大赢家。这归功于"明星微博等酒，意见领袖微信点评"的双微推广方案。

2014 年 11 月 10 日为预热期，主要利用微博平台的电商名人及草根大号抛出了"双十一等酒了"、"送房送车送春晚"等话题并开展相关活动来引导微博中的潜在消费人群。"双十一"当天用当红明星互动、段子手调侃、意见领袖晒单等重磅动作来引爆话题及活动，将酒仙网热度推至高潮。在各类电商网站都在疯狂进行促销活动的"双十一"当天，黄渤与徐峥"双十一等酒了"互动微博名列热门微博榜第一位。12 日为延续期，酒仙网晒"双十一"成绩后立即在微信中发布电商行业领袖撰写的深度爆料文章，引发电商行业内的注意与热议。

"双十一等酒了"这句广告语成就了又一个"双十一"营销的经典案例，它的传播要点在于，微博微信双管齐下，广度深度两者兼顾。

√罗莱家纺：跨界与社会化营销的结合

罗莱家纺的电子商务品牌 Lovo 从 2012 年启动以来，发出自己品牌声音的迫切性越来越强烈。Lovo 是更年轻、更时尚的美式风格家纺品牌，需要在淘宝吸纳更年轻的用户群体。通过与兔斯基漫画形象的跨界合作以及为期一个月的营销战役，兔斯基系列全球独家首发开团 10 分钟 1000 套，74 小时 1 万套，80 小时 13000 套售罄的成绩。

Lovo 品牌崛起的本身，也包含着一定的奋斗精神。这与兔斯基传递的精神本身是相符的。再者，Lovo 强调自由、张扬个性，在品牌理念上与兔斯基亦有一致性。

罗莱家纺的整个营销活动可分为三大要点：

（1）突出形象。兔斯基形象经过几年之后有所沉寂，所以网友模仿兔斯基的动作视频被找出来，经再次整合制作后进行传播。另外，营销团队新品首发日还借中秋节日营销的势头，拍了一个创意视频预热，视频中有一个嫦娥打扮的女孩子出现在地铁，而她手中抱着的"月兔"正是兔斯基。

（2）创造话题。"嫦娥"带着兔斯基出现在地铁后，活动被升级为事件营销，植入了话题性题材——"嫦娥"遭到猥琐男偷拍，该视频在网上又引起了一轮传播。

（3）品牌露出。在造势阶段品牌信息并无露出，直到"嫦娥"系列的第三部视频才出现品牌信息。之后，兔斯基快乐解压操视频播出，兔斯基大量经典表情动作被用真人演绎的形式进行传播，其中包含大量 Lovo 品牌曝光。至此，营销效应达到顶峰，新浪微博红人、微信公众号等 SNS 渠道出现了大量话题转发。据统计，"嫦娥"系列三条视频播放，覆盖人群达到 90 万人。

√案例启示

从以上三个案例可以看出，其实社会化媒体对于消费者来说，是一个获悉产品信息、了解产品品牌、购买与点评产品的渠道。但也需要注意以下几点：

（1）选择适当的时间节点。"双十一"由淘宝发起，继而逐渐成为电商的一个传统营销节点，在关键的时候适当发力能让品牌在社会化平台上获得更多的关注。

（2）表达品牌文化价值观。褚橙卖的不仅是口感极佳的冰糖橙，更是一个与长辈交流的机会；罗莱家纺 Lovo 的品牌 DNA 与兔斯基漫画形象的契合，赋予了产品独特的品牌形象；茵曼主打的"慢生活"价值观，也通过此次"双十一"的营销战役得以传播。

（3）利用社会化平台进行消费者洞察。社会化媒体使用者与消费者人群的高度重合，使得品牌能够基于社会化平台对消费者进行人群画像和区分，缩短品牌信息到达消费者的距离，并且对于目标顾客群体推出个性化定制服务。

（4）找到吻合品牌形象的传播节点。褚橙进京的微博被王石、韩寒和蒋方舟转发，品牌借此影响了关注这些意见领袖的人群；而在酒仙网的"双十一"营销案例中，酒仙网在社会化媒体精准传播平台微播易的帮助下，利用当红明星黄渤与徐峥的互动和草根大号与段子手的助推的威力，有效触及了消费者，建立了良好的品牌形象。

（5）注重营造口碑营销。除了在社会化媒体上推广时利用话题引起关于话题的讨论、聚焦舆论对品牌的关注之外，另一个不可忽视的环节则是消费者购买之后的点评环节。

电子商务在与社会化营销更好地融合后，变得越来越像是一个集合消费者洞察、品牌认知、营销互动和效果评估的闭环平台。随着社会化媒体的更新迭代，如何更好地利用其特性进行营销，是一个永远有惊喜回答的问题。

从"破烂村"到电子商务"淘宝村"

江苏徐州睢宁县沙集镇东风村没有资源优势，缺乏特色产业，"路北漏粉丝，路南磨粉面，沿河烧砖瓦，全村收破烂"是它曾经的写照。如今插上互联网经济的"翅膀"，东风村迅猛"逆袭"——在网上开店卖家具，"无中生有"了一个产业、一个完整的产业链条，一跃成为睢宁名噪一时的"明星村"：1180 户超过六成触网，经营了 2000 多个网店，开了 250 多家家具厂，汇聚了 42 家物流企业，网上交易额突破 10 亿元。

√东风村的"三剑客"

东风村的崛起，离不开孙寒、陈雷和夏凯这三位创业青年，号称东风村的"三剑客"，"带头大哥"是孙寒。

孙寒毕业于南京林业大学，大专文凭。在南京，孙寒当过保安；在上海，帮亲戚做过生意，一个月 300 元。孙寒还去酒吧做过服务生，帅气的他也做过群众演员。后来回到睢宁县移动公司上班，月薪 3000 元，却因为倒卖公司促销活动的手机赚差价被迫辞职。失业回家后整天摆弄电脑的孙寒一度成了父母的心病。当时为了安装宽带上网，孙寒天天去镇上的电信局软磨硬泡，请相关人员吃饭才搞定。孙寒先在网上卖手机充值卡，一个晚上就卖了 30 张，他发现电子商务可以成为"生存手段"。

2006 年，孙寒正式开了淘宝网店，经营一些小的家居饰品和挂件，每月净利润有 2000 多元，可以养活自己了，但孙寒并不满足，当时他发现淘宝上同类型网店已有 1 万多家，竞争非常激烈，利润空间很小，很难成为主要的生存手段，因此开始谋求销售新产品。经过在网络上调查，孙寒发现宜家这种时尚简约的家具很有市场，利润空间也很可观，于是他当机立断赶回家中，开始了对木制家具生产的探索，模仿宜家做廉价简易家具，被人称为"山寨宜家产品"。

一开始，孙寒寻找当地木匠代工，他拿着 2000 元创始资金满村满镇满县地找木匠。接下来，村民们发现孙寒每天都在家里发货几十单，却从不见人上门付钱，也没个店铺门面的，村民们议论纷纷：这孩子是不是在搞传销啊？原来当初为了保密，孙寒开淘宝店只有两个好朋友陈雷和夏凯知道。夏凯是沙集中学的美术老师，后来三个人便一起创业，不仅在当地找到木匠仿制出了宜家风格的家具，而且低价时髦，满足了都市白领兼顾时尚和实用的需求，在淘宝上大卖特卖。

没有不透风的墙，知情后的村民立马模仿"三剑客"开网店，亲戚带亲戚，朋友带朋友，电子商务迅速复制。周围的人看到网商们在网上卖家具，不出家门就能赚到钱，也纷纷弃旧学新。2009年，更有一大批年轻人陆续返乡开店创业，其中不少是大学毕业生。夏河山便是其中一位，他告诉记者，一年营业额是100多万元，利润率是10%，赚得比"北上广"新工作的白领还多。目前，东风村已有网店1000多家，开网店的农户已超过400户，营业额超过3亿元，不少店主月收入超万元。

孙寒创办的家具加工厂门口挂着三块牌子，一块是公司招牌，另一块是"大学生村官网络创业示范基地"，还有一块是"共青团睢宁县委青年网络示范基地"。在车间里，十几名工人正在操作现代化的机械制造简易家具。

孙寒目前一年营业额500多万元，以20%的毛利润测算，已经成为"百万富翁"了。但他还在建设新厂房，源源不断的订单需要继续扩大规模。他的加工厂现在不仅能生产简易家具，也能生产板式家具、实木家具、实木床家具，开始从单纯仿制到自主创新，试图从"山寨宜家村"转型为"您身边的家具定制专家"。

√对东风村的思考

东风村在短短四年，由一个"破烂村"变成一个电子商务化的"淘宝村"，这一电子商务成功案例吸引了日本、德国等外媒以及中国主流媒体聚焦。一个乡村因为电子商务而出名，成为信息化时代一颗耀眼的新星，其发展模式引人注目。

一个"淘宝村"凭什么吸引这么多关注？东风村走的是一种很典型的以信息化带动工业化、农村产业化的模式，在这里，信息化不是一个辅助手段，而是一个火车头，它拉动了加工制造、服务、物流等，形成了一个产业群，形成了一种生态。农民在家里创业，不用背井离乡也能有尊严地走向市场经济。

在"三剑客"带头经营淘宝网店销售简易家具前，有 1180 多户人家的东风村，多数人家从事废旧塑料加工，被人称为"垃圾村"，但东风村也积累了难得的"商务经验"。如果没有这些从商经历，东风村不可能变成"淘宝村"。由此可见，转变思想观念，懂得借力并整合自己可利用的资源顺势而为，农村的电商之路同样会创造奇迹！

村村乐从信息化"修路者"到电商"铺路者"

近年来，随着农民生活消费水平的提高以及移动互联网的发展，互联网在农村逐渐得到普及，网购、智能手机、智能电视等已经逐渐成为农民朋友生活中不可或缺的一部分。在这方面，中国村镇的门户性网站村村乐的创建，就是为了扎根农村，让社会更加了解农村文化、风土民情，并且愿意体验传统的农耕文化、农家乐，甚至品尝无公害的农产品。通过村村乐平台的建立，不仅让农村居民了解到互联网能够致富，而且让农民体验互联网的乐趣，促进了电商企业更加了解农村，让农民能够网购到最实惠的商品。

√村村乐项目的起源

2010年冬季的一天，村村乐创始人胡伟到朋友家里喝茶聊天，胡伟谈到他目前正在帮几个大品牌做家电下乡的推广，同时他还有一个正在做电影下乡放映的项目。于是，朋友二人就头脑激荡开来，一会儿就出来了一个很"牛"的思路：先整一个村官话题的帖子连载，然后变成一部以村官为话题的小说，把小说变成剧本拍成一部数字电影，之后推出一个农村主题的网站。

敲定之后，就开始操作，由于篇幅所限，我们直接从第三步开始——直接切入电影。电影的大概故事就是一个吊儿郎当的农村"80后"，用了某知名品牌的下乡电脑，然后利用村村乐网站解决了农产品销售和发家致富的一个喜剧片，电影名字就是"网络村官"。

敲定之后，胡伟和朋友两个人就开始从身边找导演和编剧。那时候中国的导演还不像现在这么多，通过朋友介绍见了四五个，然后先出钱请两个编剧写了两个剧本，接着选择了其中一个剧本和导演后，就让他们开工了。拍完之后，直接通过电影下乡的农村放映渠道来放。

同时村村乐网站也开始策划和开发，网站的核心构架也很简单，就是为全国60多万村庄做一个村村乐的下属网站。里面一半是互动交流，另一半是招工信息、供求信息、政策信息、寻人寻物等。

网站比较简单，最核心的是村村乐网站的运营模式。

√村村乐的运营

村村乐的运营2011年就是O2O模式，分别有线上和线下两块。

线上运营部分是招募网络村官。网站的框架设计直接融入SEO策略，网站做好之后没多久，在各大搜索引擎中搜索一些村庄的名称，村村乐基本上都在前面，这样基础流量就有了，每天有几万个 IP。一个用户登录网站之后，如果这个村庄还没有人认领网络村官，他就可以注册并且申请认证。实名认证之后，你就可以当这个村网站的管理员。

当了村管理员之后有两个好处：一个好处是有面子。像论坛版主一样管理一个板块，是很有面子的事情，他还会拉村里的许多人上这个村的主题网站。还有一个好处就是赚钱。承接村村乐给他们提供的兼职赚钱机会，做一些村村乐要在线下做的事情，还可以赚钱。

对于这个项目而言，村村乐网站最初就是一个工具，招募网络村官的工具，几年下来，一共招募了 20 万名网络村官，这些人就是村村乐最有价值的资源之一。

线下运营部分是推广农村市场。有了这 20 万名网络村官，村村乐就成了最落地的中国农村市场推广渠道，并且结合着国家家电下乡政策的契机，迅速把业务做了起来，并且做出了规模。都有哪些业务呢？听起来并不"高大上"，但是非常实际，都是一些纯互联网公司干不了的活。

（1）墙体广告。每个村至少做三面墙的广告，周期至少三个月。利用公路两旁的墙面或者住宅房墙壁，用彩色防水涂料颜料绘制成各式各样的宣传内容，或用喷绘布或喷绘膜制成广告图案。

（2）路演巡展。指定或推荐地区，周期至少一周。深入目标市场开展现场宣传以达到广告促销效果。现场集表演、游戏、体验与促销于一体，每场至少 10 小时。具有针对性强、精细化、覆盖广、信息到达率高等优点。

（3）电影下乡。每年 6 ~ 10 月，周期至少三个月。依靠村镇院线的当地资源，将某知名企业产品广告以贴片或品牌专场形式植入影片前放映，扩散至当地村级，从而起到广泛商业宣传、提升品牌知名度、增强产品认知度等作用。

（4）村委广播。每周和每日固定时段，周期至少一个月。与村委广播站合作，利用大喇叭将商户或企业广告按固定要求时段播出，每条广告时长至少 30 秒，合作村庄数量至少 10000 个行政村。

（5）农家店推广。每村最少一家，周期至少一年。利用当地农家店资源，建立村级品牌专属推广站，视觉体现将店铺名称结合品牌 Logo、产品图例等标识一同展现。

（6）横幅广告。每村至少三条幅，周期至少一个月。在每村进村及公路两旁投入，用手工刻绘、感光制版、不干胶、热转印刷等方法将图文印制在布料上，布料以呢绒材料为主。

（7）宣传栏推广。每村至少一处栏，周期至少一个月。为地方提供最新资讯信息的窗口，各村宣传的阵地，是向村民宣传党的路线、方针、政策，宣传科技、文化、卫生等各方面知识的窗口。同样也是村民掌握科普知识的一条重要渠道，是号召全民动员的"传话器"。

√村村乐的未来

村村乐的中国农村推广渠道业务已经做得非常成熟了，随着电子商务和移动互联网的火爆，村村乐也开始了下一步计划——村村乐超市。

村村乐计划先投资 2 亿元在 10000 个村庄做试点，整合 10000 个农村的小卖部，运营规范后在全国 60 多万个农村进行放大。具体操作如下：

（1）村村乐为每个小卖部提供免费 Wifi。农村的小卖部是村里闲人的聚集地，在农村，智能手机非常普及，但是 Wifi 非常不普及，为小卖部提供免费 Wifi 之后，自然可以吸引非常多的人来小卖部蹭网，促进小卖部的生意。

（2）村村乐为每个小卖部提供管理系统。一台电脑配上一套超值管理系统，让小卖部的管理直接提升一个档次，当然这也可以让村村乐收集起来大数据，做更多的后端价值。

（3）小卖部统一使用村村乐的品牌。上面的那些都是村村乐为小卖部提供的，不过小卖部需要统一使用村村乐的品牌。整合了 10000 家小卖部之后，村村乐在产品农村渠道销售上的优势就凸显出来了。首先，村村乐可以直接给小卖部提供品优价廉的商品，同时也可以帮助小卖部做 O2O，让小卖部不仅可以卖自己店里的产品，还可以卖自己店里没有但是网上有的产品和服务。

在中国，对于任何一个项目而言，参与的人越多，这个项目就越成功，村村乐的商业模式是建立在五年积累的 20 万网络村官的基础上。10000 家村村乐超市整合测试成功之后，放大规模到更多的村庄，其价值空间可想而知，然后还可以做更多有价值的事情。

村村乐平台通过不断优化、创新旗下针对农村电商的整合营销，让电商企业真正了解企业，并且也让农民进一步体会到农村电商的前景广阔以及电商带来的巨大财富。当然，村村乐也在不断完善自己，在农村电商发展之余，村村乐也在不断创造自己的价值。

第 10 章 "互联网 + 便捷交通"

"互联网 + 便捷交通"是《指导意见》确定的重点领域,将在此前提出的"互联网 +"行动计划基础上推动交通与互联网的深度融合。事实上,随着互联网的发展和信息技术的广泛应用,交通领域的模式创新和产品与服务创新日新月异,如"嘀嗒拼车"同时满足了"基于移动互联网的出行"与"绿色交通"两大政策方向等。

"互联网 + 交通"化学反应使出行更方便

随着打车软件的兴起,人们忽然意识到互联网也可以与交通如此亲密。未来,伴随着移动互联网、大数据、车联网等技术越来越多地渗透到智能交通,我们的出行将越来越便捷、高效、舒适。

√ 网络提供出行便利

"互联网 + 交通"是指借助移动互联网、云计算、大数据、物联网等先进技术和理念,将互联网产业与传统交通运输业进行有效渗透与融合,形成

"线上资源合理分配，线下高效优质运行"的新业态和新模式。

其实，早在2011年底，"互联网＋交通"已初见端倪。铁路推出了网络订购火车票的新举措，让百姓利用网络、手机，足不出户就能买到火车票；民航行动更快，很早就实现了网络订票，现在通过大数据分析，有的手机软件可实现手机购票值机，查看航班动态等功能；而大力推进高速公路ETC联网发展，则是公路方面推进网络化的措施。此外，人们平日开车出行也越来越离不开导航系统，这些都依赖互联网技术的发展和应用。

未来，伴随着移动互联网、大数据、车联网等技术越来越多地渗透到智能交通，我们的出行将越来越便捷、高效、舒适。对于管理部门来讲，还可以通过交通大数据分析预测出行业规律和趋势，科学安排各项保障工作，为全社会提供更好的公共交通服务。

√融合催生新兴业态

关于交通，百姓出行最为关注的还是互联网打车软件的话题。尽管这个市场还不尽成熟，但互联网与传统行业的融合发展，让百姓出行有了更多更方便高效的选择，这是互联网应用高速发展的必然。但一方面，政府通过"互联网＋"的行政手段推进传统行业转型、鼓励创业的力度逐渐加大。另一方面，打车平台在改造传统出行方式中激化了新业态与旧制度的矛盾。交通部已专门成立了改革工作小组，在十几个城市进行了广泛的调研，并且翻译收集了国内外大量资料。目前已经形成了改革的思路，正在征求相关部门和各方面的意见。

现在出租车大都是以"巡游"的方式为主，当前涌现的专车服务，对于满足市场上高品质、多样化和差异化的出行需求具有积极作用。但同时也要看到，这种专车服务存在着私家车非法营运、平台主体责任不明确、乘客安全和合法权益难以得到有效法律保障等问题，以及如何营造一个公平竞争的市场环境等方面的问题。目前，交通运输部的基本态度是，按照"以人为本、鼓励创新、趋利避害、规范管理"的原则，鼓励移动互联网和运输行业融合创新，鼓励在创新的平台上打造"大众创业、万众创新"的新平台，在市场上开拓细分市场，建立多层次、个性化的服务体系，实行错位服务。

√人畅其行有序推进

想象一下，每天开车前用手机上网就能查询道路拥堵情况，避开拥堵；公交出行，上网就能知道下一班公交车还有多长时间进站；车上导航系统可以准确地把你带到任何你想去的地方……这些不仅能节约时间，还能大大提高交通工具和道路的使用效率，减少能耗。

其实推进"互联网＋交通"的根本目的在于满足公众更便捷的出行、行业更人性化的服务和更科学决策的需求，加快推进交通运输由传统产业向现代服务业转型升级。

目前，按照顶层设计的部署，《指导意见》锁定"互联网＋便捷交通"，提出加快互联网与交通运输领域的深度融合，通过基础设施、运输工具、运行信息等互联网化，推进基于互联网平台的便捷化交通运输服务发展，显著提高交通运输资源利用效率和管理精细化水平，全面提升交通运输行业服务品质和科学治理能力。这将进一步促成"互联网＋交通"的化学反应，催生出效益更高、质量更好的新生态。

交通部实施"互联网＋便捷交通"计划

在全国"互联网＋"的大潮之下，交通部终于投身其中，于2015年6月24日召开贯彻落实"四个全面"战略布局、当好发展先行官动员部署电视电话会，为推进实施"互联网＋便捷交通"专项行动计划，要求各地各部门发挥好交通运输先导作用。

√在实现经济稳增长中当好先行

尽快完善综合交通基础设施网络，有效增加公共产品和公共服务供给，以拉动投资、促进消费、带动出口为着力点，发挥好交通运输发展对稳增长的关键作用，做好"十二五"规划与"十三五"规划的有效衔接。

√在实施三大国家战略中当好先行

强化"三大战略"与"四大板块"统筹发展的叠加效应，推动综合交通运输体系建设与区域协调发展的良性互动，率先启动一批重大项目和重大工程，建设若干复合型运输大通道和重要枢纽节点构成的国家综合运输骨干网络。

√在"新四化"同步发展中当好先行

充分发挥交通对城镇空间格局、产业集聚、人口流动等方面的引导作用，合理确定交通基础设施建设标准、通行能力和服务水平，强化城市群之间、城市群内部的交通联系，加快城市群交通一体化规划建设，改善中小城市和小城镇对外交通。

√ 在加快转方式调结构中当好先行

着力优化投资结构、运输组织结构和市场主体结构，实施创新驱动战略，推进实施"互联网 + 便捷交通"、"互联网 + 高效物流"专项行动计划，鼓励和支持以市场为主体开展各种基于移动互联网的出行与物流信息服务，完善绿色交通发展制度体系。

√ 在保障改善服务民生中当好先行

紧紧抓住 2015 年明确的 10 件更加贴近民生的实事、10 项重大研究事项、10 个行业难点问题治理，提前发现和解决存在的实际问题，大力统筹区域、城乡交通运输发展，进一步向西部地区和"老少边穷"地区、集中连片特困地区倾斜，确保"十三五"如期完成全面建成小康社会交通运输的任务。

各地各部门要加强沟通、注重统筹，努力争取资源配置政策倾斜，重点是建立规范的以地方政府举债为主的交通运输投融资机制，力争开辟交通运输建设项目用地审批"绿色通道"，进一步拓宽交通运输基本公共服务领域的能源补贴范围；要将当好发展先行官的宣传作为当前和今后一个时期交通运输宣传工作的重点，积极策划组织，开展深度报道，创新载体形式，营造当好先行官的良好氛围；要加强"三严三实"专题教育，统筹协调、密切配合、聚力攻坚，保持战略定力和工作韧劲，扎实推进各项工作取得新的成效。

"嘀嗒拼车"完美匹配交通部 "互联网+便捷交通"计划

交通部"互联网+便捷交通"专项行动计划出台后，作为互联网拼车行业第一平台，"嘀嗒拼车"正是这一计划的典型范例。专家表示，经历前期的迅速发展之后，"嘀嗒拼车"当前所处的"风口"风势更猛。

√ "嘀嗒拼车"的模式优势

从用车市场现状来看，"互联网+"改变传统市场模式已经是大势所趋，相比在路边"风里来雨里去"寻觅交通工具，用手机预约订车显然更以人为本。目前"嘀嗒拼车"已经拥有18城400万名以上的庞大用户群体，根据TalkingData数据中心《2015年O2O移动应用行业白皮书》显示，"嘀嗒拼车"覆盖率增幅达到1293.2%，市场表现表明其已经受到群众认可。

在模式上，"嘀嗒拼车"同时满足了"基于移动互联网的出行"与"绿色交通"两大政策方向，以移动端APP形式，用户可以随时随地享受便捷交通，"嘀嗒拼车"的运营以"顺路"为核心原则，采用C2C模式挖掘共享经济潜力，其本身并不像专车、打车软件那样具有过强的经营属性，而是更讲究利用互联网重新分配交通资源，让车主和乘客各取所需，在不增加道路负载的情况下实现真正的便捷交通。

从实践的角度看，推行"互联网+"行动并非易事，O2O的过程面临市场需求、产业特点、政策规范等多重难关，而这也更凸显了"嘀嗒拼车"的可贵之处，互联网拼车平台不仅顺应市场需求，在 2014 年准入政策破冰之后，如今又遇到国家宏观层面的强势激励，表明"嘀嗒拼车"的产品战略定位准确，是顺应市场需求和国家政策双重趋势的互联网平台。

√ "嘀嗒拼车"的环保贡献

由于"嘀嗒拼车"车主大多为在职人员，在满足自身出行需求的基础上"顺路"通过"嘀嗒拼车"搭载乘客，除了在经济方面让乘车双方受益之外，在环保上也为城市做出了贡献。

使用"嘀嗒拼车"，等于在没有增加车辆的情况下提升了运力，汽油排放减少、交通拥堵缓解，相比增添新服务车辆的出租车、专车等，"嘀嗒拼车"在减少雾霾排放上有着非常积极的作用。而"绿色交通"不仅是政策方向，更是当前的民心所向。

从第十四届亚太智能交通论坛看智能交通系统的发展

2015 年 4 月 27～29 日，第十四届亚太智能交通论坛在南京举行。来自国内外 40 多个国家和地区的 700 余名智能交通相关政府代表、专家学者、企业界人士汇聚一堂，共同描绘"互联网＋交通"的未来蓝图。

√ 从技术进步到全面变革

无论是适应城镇化、区域一体化要求，还是推进综合交通、平安交通，都离不开智能交通系统（Intelligent Transport System，ITS）的支撑。

从物联网到云计算，从大数据到移动互联网……新一代信息技术层出不穷，在谈到 ITS 时，一些人还只是把它看成一种工具、一种手段。这一认识过于狭隘，"智能交通不仅仅是技术的范畴，更应着眼于整个行业进步与升级"，成为诸多与会者的共识与呼吁。

交通运输部总工程师周伟在大会致辞中说，近年来，一些典型信息技术的应用推动了交通运输行业的转型升级。在新的历史起点上，中国交通运输部提出了加快综合交通、智慧交通、绿色交通和平安交通"四个交通"的建设理念，其中智慧交通是四个交通发展的关键，是行业创新驱动战略实施，实现可持续发展的战略抉择。

交通运输部公路科学研究院总工程师王笑京在发言中谈到，智能交通融入交通系统，已成为我们生活的一部分。虽然我们已经建立了庞大的交通运输体系，但是仍然不能满足经济的发展和人民的需要。面对交通拥堵、空气污染和能源紧缺等问题，世界各国的科学家、工程师、管理者们都在不断进行技术创新，不断探索可持续发展的交通运输模式。

√下个突破——合作式智能交通

继高速公路电子不停车收费系统（ETC）的成功案例，被科技界和产业界寄予厚望的合作式智能交通正在向我们走来。

ETC 是目前我国智慧交通领域最为典型的成功案例：从"十年磨一剑"的实验室自主研发，到王笑京领衔的项目获 2014 年国家科学技术进步奖二等奖，再到"2015 年基本实现全国高速公路 ETC 联网"这一工作目标被写进 2015 年的政府工作报告，ETC 发展的业绩和贡献有目共睹。下一个热点和典型应用在哪里？在本届论坛上，"合作式智能交通"被屡屡提及，无论是科技界还是产业界都对它寄予厚望。

　　智能交通主要分为车车合作、车路合作、车人合作等。早在 20 世纪 90 年代，世界范围内就已经提出和探讨车车通信和车路通信，美国和日本分别在 1997 年和 2000 年进行了大规模试验和演示。在 2008 年和 2011 年的 ITS 世界大会上，又分别进行了车路、车车合作应用演示。在这次论坛上，主办方也创造性地安排了精彩的场外技术演示活动。

　　在演示现场，缓慢移动的行人和高速行驶的车辆将在十字路口"相遇"，车辆自动紧急刹车，避免了一场事故的发生。这是本田汽车公司和高通公司演示的"车辆—行人"合作式安全通信系统。其原理是，行人通过智能手机下载高通的专用 APP，汽车装有车载警示系统，两者通过 DSRC 无线通信技术建立通信链路。两者的距离一旦突破某个临界值，车辆将实现自动"刹车"。

　　宝马则在停车场"秀"了一把自动泊车技术：宝马 i3 研发原型车装配了全自动远程泊车辅助系统，通过激光扫描器采集信息，获取停车场等建筑物的数字化总设计图。驾驶者利用智能终端激活远程泊车辅助系统，即便驾驶者已经离开车辆，该系统也能独立控制车辆完成停车操作。

　　此外，清华大学等多家单位完成的"十二五"863 项目"智能车路协同关键技术研究"也在论坛外场道路进行了技术演示。

　　由于车与周边人、车、路发生对话时处于高速移动状态，同时出于安全需要，通信的时延要求更低，因此，通信技术是目前构建合作式智能交通的一大技术难点。论坛期间，华为公司首次对外展示自己的车联网技术系统——LTE-V，并且将对车车、车路等多种典型应用场景进行现场演示。

　　有专家表示，我国的合作式智能交通刚刚起步，未来一旦投入使用将给交通运输方式带来革命性的变化，值得期待。

√掘金数据才刚刚开始

对于究竟什么是大数据或许还有争议，但数据分析可提高道路利用效率、提升出行服务却是共识。两三年前开始"热起来"的大数据依然是此次论坛的热点。大数据应用现状如何？交通运输行业如何更好地应用数据分析提升效率？报告人从不同角度给出了一些回答。

中科院院士、华东师范大学教授何积丰在演讲中先发出了这样的提问："究竟什么是大数据呢？"在何积丰院士看来，统计分析的方法其实早在250年前就有"尝鲜"，但和传统的统计学方法相比，近年来兴起的"大数据"不仅体量更庞大，而且开始对数据进行实时分析，更加接近真实环境，结果也将更好地支持决策，与原本的数据分析在思维模式上存在差别。

美国 YGOMI 公司董事长 T. Russell ShieIds 则提醒参会人员注意大数据的确切含义。他说，在美国的语境里，"大数据"和"大的数据"是不同的概念，有时候两者可以"相同对待"，有时候两者存在细微差异。根据他的经验，交通运输行业的很多工作现在还和大数据没有关系，只不过是海量数据而已。

无论是海量数据还是大数据，数据分析能扮演重要角色却是与会者的共同观点。

从发展历程来看，人们的努力是永无止境的，通过大数据方法可实现驾驶效果的持续改进，例如，在车内部安装各类照相机和传感器，通过这些传感器可对周围环境进行感知，对车辆情况、司机状况进行分析，当检测到不正常状况时，车辆可做出一些辅助处理。市场上存在着专门以数据服务为主营业务的企业，这也从侧面证明了数据越来越有价值。

√从单打独斗到抱团研发

衣食住行是人类生存的基本需求。从这个意义而言，用智能化手段不断提升"行"的效率和质量，拥有无限精彩和巨大的市场空间。正如深圳市金溢科技股份有限公司产品策划部总监鲁骏所介绍的，虽然 2015 年年底 ETC 将基本实现全国联网，但并不意味着发展到头了，未来金溢还至少在三个方面发力：一是"进城"，即将 ETC 应用到城市交通方面，包括停车、拥堵调节收费、路桥收费、场站管理等。二是"上车"，即争取实现汽车前装，成为未来车辆的标准配置之一。三是"联云"，即实现网上充值和网上服务，提升车主体验。

如果说智能交通发展由企业"挑大梁"已成定局，那么企业的抱团研发已初露端倪，一条围绕智能交通、由诸多企业参与的产业链已初具规模。

在中国，已有不同类型企业抱团研发的合作平台，如由交通运输部公路科学研究院牵头的中国智能交通产业联盟。据该联盟理事长王笑京介绍，产业联盟由 45 家大型企业发起，包括英特尔、大众汽车、中国电信、华为、高德软件、金溢等知名企业，产业覆盖通信、汽车、电子、交通管理等领域。目前，联盟下设车载信息服务与安全工作组、合作式智能交通工作组等五个交通组。

"十三五"期间智慧交通发展趋势展望

2015 年是"十二五"和"十三五"的承上启下之年。在全国政协十二届二次会议中，李克强总理提出要制定"互联网＋"行动计划，意味着"互联网＋"正式上升为国家战略，而国务院发布的《指导意见》完成了"互联网＋"的顶层设计，"互联网＋便捷交通"位列其中。根据国家部署，未来"互联网＋"行动计划将不断落地实施，也会给予老百姓息息相关的交通行业带来越来越深入的影响。"十三五"期间，智慧交通发展将会呈现哪些趋势和亮点？这是各方都非常关注的话题。

√互联网思维深度渗透融合

"十三五"期间，互联网将同交通行业深度渗透融合，相关环节产生深刻变革，并将成为建设智慧交通的提升技术和重要思路。

（1）大数据思维。将城市非涉密数据有条件地开放，鼓励企业基于开放的数据进行数据挖掘，挖掘出大数据背后的潜在价值，为百姓提供更智能和便利的交通信息服务。

（2）用户思维。为使智慧交通中投入的资金更有效率、更有针对性，在项目建设中，运用互联网众筹的思想，开展百姓需求调查，了解百姓最迫切希望解决的问题，从而有针对性地选择项目，将有限的"好钢"（资金）用在"刀刃"上。

（3）跨界思维。电子商务与智能交通逐步融合，使人们的出行体验与购物、消费等服务结合在一起。典型案例如中国最大的电商阿里巴巴收购了高德后，将高德的位置服务和出行路径诱导与电商服务进行了集成，给了用户全新的体验。

（4）免费思维。在盈利方式上，引入互联网思维的盈利思路，创新项目商业运营模式，对于可以市场化的项目要加强具体项目的商业运作模式可行性研究，增强项目自身造血功能，使项目建成后能快速持续收回成本；比如基础服务免费、增值服务收费，或者短期免费、长期收费，或者对百姓免费、转嫁收费等。

√ 绿色交通成为交通发展新底色

"十三五"期间，随着科技的不断创新、国家政策的强力支持，绿色交通将成为交通运输发展的新底色，节能减排将成为智慧交通发展的关键词。

（1）大力发展车联网，提高车辆运行效率。

（2）重视智能汽车的发展，提升车辆智能化水平，加强车辆的智能化管理；积极采用混合动力汽车、替代料车等节能环保型营运车辆。

（3）构建绿色"慢行交通"系统，提高公共交通和非机动化出行的吸引力。

（4）构建绿色交通技术体系，促进客货运输市场的电子化、网络化，提高运输效率，降低能源消耗，实现技术性节能减排。

√ 新兴技术应用更加普及

"十三五"期间，随着云计算、大数据、移动互联网、社交网络媒体等新兴技术的发展，其在智慧交通行业中的应用将更加普及。

（1）物联网将激活智能要素。通过各类传感器、移动终端或电子标签，使信息系统对外部环境的感知更加丰富细致，这种感知为人、车、路、货系统之间相互识别、相互操作或智能控制提供了无限可能。未来，智能公路、智能航道、智能铁路、智能民航、智能车辆、智能货物、智能场站等将快速发展，管理者对交通基础设施、运输装备、场站设备等的技术运行情况和外部环境能够更加全面、及时、准确地掌握。

（2）云计算、大数据将点亮交通管理智慧。据不完全统计，当前交通运输行业每年产生的数据量在百PB级别，存储量预计可达到数十PB。以北京市交通运行监测调度中心（TOCC）为例，目前TOCC共包括6000多项静动态数据、6万多路视频，其静动态数据存储达到20T，每天数据增量达30G左右。面对增长迅速的海量数据，在云计算、大数据等技术支撑保障下，未来的交通管理系统将具备强大的存储能力、快速的计算能力以及科学的分析能力，系统模拟现实世界和预测判断的能力更加出色，能够从海量数据中快速、准确提取出高价值信息，为管理决策人员提供应需而变的解决方案，交通管理的预见性、主动性、及时性、协同性、合理性将大幅提升。

（3）移动互联网将提高信息服务水平。服务是交通运输的本质属性，随着移动互联网、智能移动终端的大范围应用，信息服务向个性化、定制化发展。信息服务系统与交通要素的信息交互更加频繁，系统对用户的需求跟踪、识别更加及时准确，能够为用户提供交通出行或货物运输的全过程规划、实时导航和票务服务，基于位置的信息服务和主动推送式服务水平大大改善。

√ 参与主体趋向多元化

"十三五"期间，国家层面对社会资本参与智慧交通的态度日渐明朗，同时随着"互联网＋"上升为国家战略，互联网的技术、思维模式等将逐步渗透到交通行业的各大领域。互联网企业将积极参与智慧交通建设，用户也将成为智慧交通的重要参与主体，智慧交通建设的主体将呈现多元化的特征。

（1）政府。政府要更多地考虑政策创新、政府信息公开、完善公平公正的市场环境。制定相关政策法规，积极鼓励多方资本进入智慧交通领域，同时通过营造创新文化氛围、推动数据开放等举措，为交通领域的业务创新、商业模式创新等提供良好的环境。此外，政府还将更多地承担起建设项目的监督管理职责，通过制定绩效评估考核指标体系等，对建设项目进行监督管理。

（2）互联网企业。百度、阿里巴巴和腾讯在地图、导航及交通领域动作频频，阿里投资易图通、全资收购高德，通过支付宝 NFC 切入公共交通领域；百度收购长地万方，通过与交通管理部门联动盘活大数据，推出 CarNet 车载设备；腾讯收购科菱航睿与四维图新合作推出车联网硬件产品路宝。BAT 通过打车、专车软件抢夺移动支付入口，腾讯投资"快嘀打车"，阿里巴巴投资"滴滴打车"，百度投资美国叫车 AppUber，"三国鼎立"的局面一直延续到 2015 年 4 月 1 日滴滴、快嘀合并。互联网企业拥有雄厚的技术、数据沉淀以及成熟的互联网思维，将在智慧交通行业发展中起到关键作用，也将会对交通行业商业模式创新产生重大影响。

（3）运营商。三大通信运营商通过和政府合作，依靠政府权威数据后台，具备了互联网企业所不具备的数据资源优势，推出智慧交通 APP 应用。如在广州市政府主导下，基于"智慧广州"背景，与三大运营商联手合作推出了"行讯通"系列 APP，这种以"运营商—政府"为主导的特色应用，很好地共享了各自的优势资源。运营商能够提供快速流畅的无线网络支持和用户群体，政府则提供了强大的交通信息数据。

（4）公众。未来智慧交通领域将更关注用户体验，用户思维将成为智慧交通建设运营中的主旋律，公众将扮演出资者、建设者、监督者的角色。公众为高质量市场化的智慧交通服务买单，同时也是重要的参与者，未来很多智慧交通项目将来源于民，真正将用户需求摆在首位。

第11章 "互联网+绿色生态"

"互联网+绿色生态"是《指导意见》确定的重点内容之一。其实这些年生态领域运用互联网技术谋发展的案例越来越多，如"瑞祥模式"与"循环经济"之缘、光明米业打造粮油产业"航母"、海南生态软件园成"互联网+绿色引擎"等。顶层设计的"互联网+绿色生态"必将推动互联网与生态文明建设深度融合。

"瑞祥模式"与"循环经济"之缘

通过排污综合治理，猪粪经发酵产生沼气用来发电，把废液废渣用于农田灌溉和施肥，真正实现了"变废为宝"，该企业积极探索总结出的种养结合循环经济模式被业界誉为"瑞祥模式"。该企业就是位于河南省舞钢市尚店镇的河南瑞祥农牧股份有限公司（以下简称"瑞祥农牧"）。

瑞祥农牧是河南养猪20强企业，其下属的两个养殖场都是5万头商品猪生产线，有多面采光猪舍78栋，养猪产生的污水、粪便实现无害化处理。猪舍夏季采用风机水帘通风降温，冬季采用沼气锅炉等多种低碳循环方式供暖。

分别被国家农业部、商务部列为国家生猪标准化养殖示范场和中央储备肉活畜储备基地。瑞祥农牧的成功自有"法宝"：科学管理 + 严格制度 = 养猪成功。

√养好猪，饲料是基础

猪吃得好，才能长得快。据了解，瑞祥农牧每天消耗饲料80多吨，每月采购的玉米、豆粕、麸皮和精饲料近3000吨。为严把饲料采购关，公司对进厂的每一种、每一批饲料都进行化验，严格按国家规定的标准执行。对入库进厂的饲料，登记卡片，谁采购、谁供货，都要负责到底。饲料入库后，派专人管理，对库房增加地龙和通风设施，及时测温，及时掌握饲料情况，防止霉变发生。由于严格饲料进厂制度，先在源头把好饲料质量。为做到对存栏猪的合理喂养，根据猪不同生长阶段的营养需要，分为八种规格饲料进行喂养。并对加工好的混合饲料进行粗蛋白跟踪监测，确保猪的营养需要。为了保证猪吃到新鲜饲料，做到当天加工的饲料当天送到猪舍，饲养员可通过猪舍监控录像看当天的饲料是否喂完，并确保猪舍里没有当天的余料。

√养好猪，防疫很重要

猪不生病，才能健康生长。为做好猪病防治工作，瑞祥农牧专门成立防疫中心，建立防疫制度，认真落实防控措施，加强领导，群防群治：

（1）从提高全场人员的防疫观念入手，让大家认识到防疫工作的重要性、紧迫性。猪场防疫，人人有责，全场职工自觉遵守各项规章制度，做到生活区、办公区、食堂周围环境每天消毒一次。生产场更是保证了圈舍的清洁、通风、定期消毒，消除疫情隐患。对场区的废弃物品、死猪和胎盘，全部通过生化处理机进行无害化处理后作为肥料。

（2）扎实开展消毒灭源工作，落实消毒责任，隔断传染源。在公司、生产区大门口的火碱池定期加药，保证消毒液的有效浓度为 5%。禁止一切车辆进入场区，严格执行进入场区人员的隔离和消毒制度。禁止在场区养宠物，任何人不准将外界的猪肉和猪肉制品带进场区。

（3）认真做好猪的疫病监测。按照"集中监测与日常监测，定点监测与全面监测，常规监测与应急监测相结合"的原则，生产场与公司化验中心密切配合，提高防治水平。

为防患于未然，公司在防疫工作中积极"打主动仗"。比如，严格在猪生长的不同阶段及时接种合适的疫苗。建立猪的生长健康档案。公司化验中心坚持和防疫中心配合，每天深入猪舍观察，发现异常现象及时应对。种猪是生产的源头，为了确保种猪健康，公司应及时做好"猪瘟抗体"、"蓝耳抗体"、"伪狂犬野毒鉴别"和"乙脑抗体"等各种检测，并登记造册、存入计算机。对猪群各阶段的抗体进行跟踪监测，确定合适的免疫时间，制定合理的免疫程序。

√ 养好猪，人才是关键

猪靠人养，猪长得好不好，关键在人的责任心。据了解，瑞祥农牧坚持以人为本，努力打造一支有文化、有知识的团队。从 2007 年以来，公司每年都引进大学毕业生，让他们按照猪的种孕、产房、保育、育肥等生产阶段逐步实践，以使他们在生产实践中积累丰富的经验，并磨炼意志，增长才干。现在猪场的管理干部全部是 35 岁以下的大学毕业生。由于坚持在实干中锻炼、考察、培养、选拔干部，造就了一支干事创业、敢打善拼的高素质干部队伍，为公司的发展提供了强大的人才和技术支撑。

为调动饲养员的积极性，公司既用制度约束人，又用制度激励人。饲养员的收入和看管猪的多少、成活率、料肉比挂钩，使每一个饲养员有了明确的职责，形成了"人人身上有指标，公司担子大家挑"的机制，每个职工都能为企业的兴盛而竭尽全力。正是这样的考核办法，才使大家真正团结起来，一心养好猪，在分散的猪舍，默默无闻地自觉奉献着，在用心、细心、真心上下功夫，使考核指标不断刷新。2011年，均窝产仔数由2010年的10.4头提高到10.8头；配种分娩率达到88%；商品猪全程成活率达到95%，其主要养猪指标在同行业中处于领先水平。

√养好猪，科学化、精细化管理是保障

科学化、精细化管理已成为瑞祥农牧养猪成功的保障。如饲料的配方设计，免疫程序的制定，各阶段的技术措施，饲喂程序和环境的控制，都必须符合养猪的规律，以满足猪的需求为标准。

该公司的精细化管理不仅体现在管理细节上，也体现在数据化管理上。比如，猪在不同阶段所需要的环境温度、湿度的控制，初产母猪与经产母猪在饲养上的差异，猪在不同妊娠阶段的饲喂量，对产仔后的母猪根据带仔数量给予合适的饲料，注意苍蝇、老鼠、麻雀带给猪场的危害等，都要做到位。在进行数据化管理过程中，公司不断加强对职工的技术培训，组织职工学习，进行工时、动作、材料研究，在试验过程中把工人的每一项动作、每一道工序、每一种材料所使用的数据，都准确地记录下来。将其标准的操作流程编写成书面教材，长期不懈地执行制度化的要求，这样在数据化、制度化的基础上与流程化、标准化连接起来。同时对生产中的各个要素进行整理并规范成表格，按照规范进行填写，然后统计、分析、上报，形成科学化、数据化管理的基础。从而全面提升了企业的管理水平，确保了各项指标的完成。

√ "瑞祥模式" 的内涵

"发展循环经济 + 保护生态环境" 是 "瑞祥模式" 的内涵。

面对治污难题,瑞祥农牧通过加强技术力量和资金投入,一步步兴建沼气工程,整个工程分 "三步走",即实验摸索阶段、扩大规模阶段、综合利用阶段。随着沼气工程的不断完善,不仅使污染的废水得到根本治理,而且其项目的经济效益和社会效益也日渐显现。

（1）在实验摸索阶段,把猪粪 "变" 成沼气。公司污水的治理开始于 2005 年,当时自筹资金 100 万元建立了一座 2000 立方米的发酵池和一座 150 立方米的沼气罐。猪舍的猪粪通过预处理池—搅拌池,然后通过水泵提取进入沼气室发酵产生沼气进入沼气罐。由于当时生产的沼气少,仅够伙房用气和局部取暖用。但初步治理使他们尝到甜头,随着公司养猪规模的扩大,对废水的治理和沼气的生产也开始上规模。2009 年,公司又投资 150 万元再建了一座新的 2000 立方米的发酵池和一座 150 立方米的沼气罐。实践证明,这样生产沼气,不仅能有效清除粪污中的多种病毒、细菌,减轻了对环境的污染,而且沼气广泛的使用价值得到了人们的认可。

（2）在扩大规模阶段,提高沼气产量,惠及居民生活。2010 年,公司投入 400 多万元建了一座 2200 立方米的沼气储存罐和一台 120 千瓦的发电机,开始试着用沼气发电。见到效果后,2011 年又投资建设 2 台 250 千瓦发电机,并对沼气管道进行加压提升,沼气发电用于厂区照明、猪舍取暖和生活用电。公司生产的沼气除自用外,还无偿供应当地移民村 330 户居民的生活用气,不但让农民告别了烟熏火燎,提升了生活质量,而且每年为每户居民节约 500 元的耗能费用,产生了很好的社会效益。

（3）在综合利用阶段,资源再生,综合利用,延伸产业链条,发展循环经济。本着发展循环经济与保护生态环境相结合的原则，该公司于 2011 年投入 500 万元兴建污水处理厂，利用脱污机把沼气池产生沼气后的沼渣沼液加脱污剂进行分离。这样，沼渣被分离出固体有机肥料，而沼液经净化和三级沉淀后，可以直接用于农田灌溉。为使分离后的有机肥和净化后的沼液被充分利用，做到猪场的污水不外排。公司围绕着资源再生、循环利用做文章。专门流转附近农民 2000 多亩土地，除按每亩地给村民 700 斤小麦补偿外，还安排村民到公司就业，人均收入达 2000～3000 元。同时，公司在这 2000 多亩土地上建了农业示范园，藕塘种的"鄂莲 5 号"经过两年试种，其质量经过质检部门鉴定，达到"无公害水生蔬菜"标准，很受市场欢迎。农业示范园的果木已经开始挂果，已经建成的 40 多座温室大棚开始规划使用，致力于打造老百姓"菜篮子"工程，上市的时令蔬菜和反季节蔬菜供不应求。这样，有机肥厂利用猪粪发酵产生沼气后的废渣制作有机肥料，有机肥厂生产用电全由沼气发电提供。而通过处理的废液经三级沉淀后，沼液作为水肥被周边 2000 亩蔬菜基地吸纳，真正做到了变废为宝，综合利用。通过治污，不但有效改善了猪场的环境，而且延伸了公司产业链条，产生了养殖、种植相结合的循环经济。

√完善"瑞祥模式"，把企业做大做强

对公司当前和今后的发展提出了明确要求：

（1）建立现代化生猪养殖链。继续开展生猪养殖关键技术的自主创新，进行生猪生态循环养殖与废弃物资源的研究、利用与示范。为了企业的长远发展，瑞祥农牧新建了一座 20 万头规模的猪场。

（2）建立沼气能源循环链。为突破废弃物无害化、减量化、资源化利用的建设"瓶颈"，计划再投资 720 万元，新建大型污水处理系统和沼渣处理

系统。污水处理主体工程已经完工。

（3）建立有机农业产业链。按照舞钢市统一部署，采取土地流转的方式，把公司周边的耕地再流转 1 万亩集中统一经营，建立有机高产农业示范基地和有机蔬菜示范园，带动群众共同致富。

（4）打造自己的精品。公司成立企划部，专门策划品牌，做好市场，形成集有机蔬菜、鲜蛋、变蛋、鸡肉、猪肉、生活食品为一体的销售市场。通过不断完善，提升品位，扩大知名度，打造瑞祥精品。

（5）统筹安排瑞祥新农村规划和建设。按照舞钢市统一部署，公司成立专门机构进行具体落实。同时，抓住机遇、统一思想、凝聚力量、明确任务，进一步完善"瑞祥模式"，努力打造精品，把企业做大做强。

光明米业打造粮油产业的"航母"

光明食品集团旗下的光明米业，在集团"5 + 1"改革方案框架下，在"安全、优质、健康食品的模范供应商，上海城市主副食品的主要承担者，全球布局、跨国经营的中国食品领军品牌"的企业使命引领下，进一步找准自己的角色定位，展开全方位的改革发展实践，正朝着打造上海粮油产业"航母"的方向迈进。

√粮源布局：从"走出上海"到"走向国际"

在中国上海国际食品博览会上，光明米业虽然被国内外知名粮商"包围"，光明米业虽然所有产品以展示为主，但其产品还是"卖疯了"，三天就在现场卖出了 4.7 吨。而据统计，2014 年，光明米业的粮食销量将达到 160 万吨，已占到全上海一年用粮总量的 20% 以上。

光明米业要成为上海郊区粮食种源的主要提供者；要成为安全、放心、优质、健康粮油的模范供应商；要成为上海城市粮油食品供应的主要承担者。为了让百姓吃到更多好米，为了实现百亿米业的梦想，瞄准这样的大方向，光明米业先在"基地建设"上打开思路。

拥有 22 万亩的自有粮田，是光明米业得天独厚的资源优势。这些粮田主要分布在上海崇明和江苏海丰，综合生产水平普遍高于一般市面上的粮田。但光明米业并不满足于此，而是在过去几年启动了高标准粮田建设，使粮田的设施水平再上新台阶，增产增效明显，最近四年"年年增产"。根据规划，未来 3~5 年，光明将建成 15 万亩高标准设施粮田。拥有高水平的自有基地，实施一整套标准化的种植管理体系，就可以对粮食质量安全进行全过程的严格把控。也因此，光明米业在大米品质上越来越"自信"。

但 20 多万亩的面积，并不能满足上海市民吃好米的"胃口"，也难以支撑起光明米业"跨越式发展"的产业梦想。因此，"走出去"掌控资源，布局粮源基地，成为了必然选择。

2012 年 3 月，光明米业完成了重组后的首单并购，斥资逾 1 亿元收购了安徽粮食龙头企业——安徽槐祥工贸集团 48% 的股权。通过该项并购，光明米业新增 20 万吨的粮食加工能力。如今，来自安徽巢湖地区的优质大米，每年源源不断地供应给上海。9 月，光明米业与黑龙江农垦战略合作的结晶——"北国珍禾"东北新大米首次亮相申城，很快赢得市民的广泛信任和认可。此后，光明米业进一步巩固上海和黑龙江的合作成果，以"产加销"一体化的"绿色全产链"生产经营模式为合作原则，在与牡丹江农垦合作的基础上，在五常建立了北国珍禾稻花香粮源基地；同时与吉林市政府加强战略合作，在吉林舒兰市、永吉县新开拓了北国珍禾粮源基地，将光明米业集团拥有的市场、资金、理念等优势和粮源基地的资产、基地等优势相结合，实施技术输出、订单收购、专业管理。

光明米业还与江苏宿迁等地合作，通过土地流转，扩大自有种植规模，预计 2014 ~ 2015 年将新增 1 万亩自营基地。未来，合作范围和面积还将逐步扩大。

不仅如此，光明米业还悄然启动了"全球布局"的战略。公司将在澳大利亚、南美、东南亚等国家和地区，通过购买、租赁土地、合作经营或联合收购等方式建设自主经营的海外粮源基地；同时，在东南亚国家设立粮食收储公司，参与当地粮食的收储和贸易，并通过与国际大粮商的合作，搭建海外粮食加工、物流和贸易平台，提升全球粮源运作能力，最终实现可掌控土地资源 150 万亩的目标。

√ 全产业链：从"一粒种子"开始的创新努力

在全球布局粮源基地的同时，光明米业还积极打造"从田头到餐桌"的全产业链，对种源、种植、加工、仓储、物流、销售等各个环节进行全方位把控，努力为消费者提供真正安全、放心、优质、健康的粮食产品。

光明米业的努力，从一粒种子开始。几年来，光明米业积极打造上海稻麦种子第一品牌，在种质资源创新上取得了不小的成果。迄今为止，公司已先后研发出了五个光明系列的新品种，包括光明粳 1 号、光明粳 2 号、光明麦 1 号、光明麦 2 号、光明糯 1 号，并分别通过了上海市品种审定委员会的审定，都是适合在长江三角洲推广栽培的稻麦新品种。如光明粳 2 号，具有易种植、抗性好、出米率高等鲜明特点，2015 年除了在光明米业内部种植外，还在市郊七个区县同时布点试种，并广受安徽农民的欢迎，在当地推广面积达到了 3 万多亩。

在生产环节，光明米业还通过科技创新，追求更高的产量、更优的品质。如今，在光明米业的生产基地，人们可以看到一幕幕现代化的生产场景：平整土地，有激光平整仪；打药水，有超长"手臂"的打药机；拖拉机耕作，有 GPS 定位等，自主研发的各种农机装备和新型工艺，在基地里得到了广泛应用，为光明米业的粮食增产奠定了基础。在生产过程中，光明米业还建立了一整套规范化生产标准，减少化肥和农药使用量，保证粮食的品质稳定和安全可控。

在光明米业的全产业链条中，其最初的核心优势是种植，也是"走出去"掌控资源的重要能力之一。把手中的粮田种好，提高生产水平和管理水平，才会有更多的域外基地愿意加入进来，与光明米业联手合作，将其绿色产业链复制、推广出去。

加工、储存、物流等环节的提升，也为光明优质米一路"保驾护航"。2015 年，光明米业将在烘干设备上加大投入，再增加 360 吨的日烘干能力，让粮食收割、运输、烘干、入仓"全程不落地"，既可以不受天气影响，又能避免晾晒过程中的二次污染。同时，未来 3～5 年，光明米业还将新增年加工 50 万吨粮食的现代化流水线，提高大米的加工水平，在大米的水分、碎米、米色和杂质控制方面做得更好。不仅如此，公司的仓储建设也突飞猛进，目前的粮食仓储能力已达到了前几年的 10 倍左右，"让市民一年四季尝新米"的愿景正在逐步实现。在粮食运输、流通过程中，光明米业也建立了一系列标准，要求工作人员严格执行、"绝不走样"。

光明大米满怀信心来到了市场终端。现在，消费者在购买光明的大米时，只要把手机对着包装上的二维码轻轻扫一扫，产品名称、产地、种植基地、加工企业等常规信息以及大米加工责任人、该批次的生产日期、产品的流向等动态信息，均"一览无余"。这样的质量追溯体系已 100% 覆盖光明米业的所有基地产品。

构建全产业链，努力成为"安全、放心、优质、健康粮油的模范供应商"，光明米业表现出了坚定的决心和十足的底气。

√打造品牌：实现"市场占有率第一"

2011 年，是光明米业成立的第一年，其在上海小包装米（10 千克以下）的市场份额为 18%。但据上海商情的统计，2015 年 1 ~ 10 月，光明米业在全市小包装米市场的份额稳稳坐上了第一的宝座。

在短短四年里，如何快速占领市场？通路建设是关键之一。光明米业的粮源基地不断拓展，已具有持续均衡的供应能力，其在渠道建设上也加大了力度。现在，在上海所有的大小超市卖场，消费者都能看到并买到光明米业的产品。捏紧拳头，打造整体品牌，消费者的认可度也快速提高。

同时，光明米业也积极拓展电子商务和团购业务。顺应网络消费发展的趋势，公司重新梳理了东方购物、400 电话系统、96858 等网上渠道资源，做好产品和电子商务渠道整合，努力开拓米业的电子商务渠道。市民只要点一点鼠标，光明的优质大米就会送到家。上海市一些政府、机关、企业、学校等单位的食堂在考察基地、品鉴产品等之后，纷纷采购光明米业的大米，光明的团购订单比例达到了 10% 左右。

实际上，仅把光明米业推送到消费者面前是不够的。要让消费者在五花八门的米产品中最终选择光明米业，才算取得了真正的胜利。因此，全方位的品牌建设，是光明米业赢得越来越多消费者的另一关键所在。

虽然做过大大小小的广告，但体验式的推广活动似乎更能让光明米业深入人心。最近几年，光明米业每年都举行丰收节，邀请广大市民前往崇明岛，实地查看农场的生态环境、水稻丰收的场景，并亲近大自然等，结果许多市民直接在现场购买新大米，此后年年参加丰收节，并成为光明米业的忠实消费者。2014年"光明丰收节"期间，旅行社共组织了近5万人前往生产基地，其中一半以上的消费者在现场购买大米。其中一家旅行社的大巴司机告诉笔者，那段时间，自己几乎成了"代购大米专业户"，不少游客参加完丰收节活动之后，觉得在现场买的米太少了，便又找到他希望帮忙再从崇明买一些新大米回来；而他从崇明一回来就发现，那些委托人早早候在了停车点，就等着搬米了。

对那些消费者来说，他们购买光明大米，购买的不仅是大米，还包括独具优势的生态环境、全过程的安全放心以及踏实可靠的品牌形象。他们对光明米业的品牌认知和认可，一下子超越了其他品牌。迄今为止，"光明丰收节"已举办了5届，参加者达10万人以上。若其中一半人能成为其消费者，并帮助光明米业进行口碑营销，品牌推广效果不可估量。

品牌建设无止境。2015年初，光明米业又启动了进社区活动，在居民中再次掀起一波热潮。在宝山大华文华苑小区广场，光明米业的系列产品引来小区居民的争相购买，"晶润香"、"崇明银香大米"等明星产品在短短三个小时全部售罄。同时，居民还踊跃参与光明米业"扫微信、加关注、赠好米"的活动，增进了对光明米业品牌和产品的认知和认可。而工作人员还尽力安抚那些未能在现场购买到大米的居民，并告知他们如何通过其他各类渠道购买光明米业的系列米产品。

"高端产品创品牌，中端产品创利润，低端产品占市场"，光明米业已经形成了不同层次的产品系列，大众产品有崇明农场大米、海丰大米、槐祥大米等，平均售价在每500克2元多；中端产品则有晶润香、银香18、海丰冰鲜米等，平均售价在每500克4元左右；而高端产品则有瀛丰五斗、光明五常大米等，价格达到了每 500 克 10 元到 20 元；等等。丰富多元的产品结构，让光明米业品牌赢得了不同消费群的追捧。

"互联网＋"时代，绿量科技颠覆创新

2015 年 4～5 月，"一分钱解决环保问题的创新模式"引起了环保界、媒体和金融投资界人士的高度关注。这就是广东省云浮市绿量电池材料科技有限公司（以下简称"绿量科技"）的颠覆式商业模式创新。

√一分钱从源头解决电池污染环保问题的绿量科技

中国是电池消费大国，废旧干电池处理不彻底及自由浪费对生态环境造成了重大破坏，由此，财政部、国家税务部总局通知，自 2015 年 2 月 1 日起，对含汞电池征收消费税。环保电池问题上升为社会问题，不但涉及技术、生产，而且涉及消费、应用。而行业生产商关注两大重点：一是原料、技术的达标情况；二是生产成本增加多少。

在这个时代背景下，绿量科技的专业解决了这些问题。在技术方面，绿量科技有两项专利，分别为《环保电池用锌材料及共制方法》和《无铅环保锌锰干电池》。经国家知识产权局确认，这种同类产品不再进行科技鉴定，同时，该技术标准被纳入国家标准和行业标准。在生产方面，绿量科技只需增加一分钱的生产成本，就能做出达标的环保电池。绿量科技以支持环保行业发展为己任，愿意以核心技术、现代化设备和材料厂家合作，在提升厂家产品品质的同时，也帮助提升厂家的利润。

√绿量电池科技领军人物林良伟

绿量科技能取得今天的成绩和领军人物林良伟拼搏、认真、奋进的创业精神是分不开的。林良伟的创业之路，源于他对事业的执着和对社会责任的担当。他从国家环保总局的文件中了解到电池污染问题，触目惊心：一粒纽扣电池能污染 600 吨水，一节一号电池烂在地里能让 1 平方米的土地永久失去利用价值。若将废旧电池混入生活垃圾一起填埋或者随手丢弃，渗出的汞及重金属物质就会渗入土壤，污染地下水，进而进入鱼类、农作物，破坏人类的生存环境。欧盟 2003 年制定了一项强制性环保标准，简称 RoHS 指令，无疑也是对我国电池工业筑起了一道绿色堡垒。欧盟指令禁入，国家限制生产，面对这样的形势，他立下了决心：一定要解决电池污染问题！

林良伟的心愿得到了亲弟弟林良智的支持。兄弟俩订立了要解决含铅电池污染问题的共同目标，并展开一系列工作。他们从调研中发现，电池污染源头是原材料——电池锌饼。从此，他们开始了从源头上解决电池污染问题的创业之路。

创业之路坎坷而艰辛，一是技术研发难题不断。二是资金短缺，筹借有难度，银行不贷款，经费高到每年不少于 100 万元。三是推广渠道和费用的问题。但是，林良伟毫不退缩，他的理念是"这是一件好事、善事，这场仗我一定要打赢！路是人走出来的！"他要造福子孙、攻克难关的精神，甚至感动了苍天！2005 年，历经艰难，国内第一只无铅环保锌锰干电池正式问世，并在 2008 年经国家绿色通道推荐获得国家两项发明专利证书。

在这期间，无铅环保锌锰干电池材料获评广东省科技成果，并且，这项成果得到了国家专利鉴定组的肯定。国家专利鉴定组评价：该项技术成果为国内首创，填补国内空白，达到世界先进水平。2008 年，国家科委专委组挑选该项目为佛山市代表，指导广东企业自主创新，并评价："你们兄弟为中国人民和世界人民做了件好事。"

√ 绿量科技颠覆创新模式

绿量科技获得政府和行业的认可，并订单不断，但林良伟发现了企业发展的另一"瓶颈"，如果按这种传统模式经营下去，企业会面临影响力不足和传播面太窄的问题，难以快速规模化发展，改善国家环保问题就成了一句空话。俗话说："既要低头拉车，也要抬头看路。"林良伟敏锐地意识到，企业发展除了做好技术和产品、市场团队以外，要快速发展必须要有资本的支撑以及品牌战略的专业，这样才能快速解决国家环保及世界环保问题。

经多方比较和反复咨询，林良伟了解到润谷东方的上市快车企业服务中心，是为企业加入资本市场、给企业一站式融资综合解决方案的平台，润谷东方已成功辅导 70 多家企业上市达成融资。由此，他决定加入润谷东方上市快车企业服务中心平台，邀请平台的资本专家为绿量科技设计个性化标准方案。在润谷东方资本市场专家的指导下，绿量科技企业进行了标准化企业重组。重组后的绿量科技项目在内部认购时，达到了超过目标值 50% 的效果，林良伟从中体验了润谷东方的专业，也认识了资本市场的非凡力量！

除此之外，林良伟意识到企业要插上翅膀，还需要增加品牌、传媒的专业。于是，他接受了润谷东方平台的推荐，引进了润谷东方平台的战略合作伙伴、中国商媒第一平台——龙凤智富作为绿量科技的品牌战略策划机构、传媒策划统筹宣传机构，并邀请知名传媒人、龙凤智富品牌专家莫少玲总编作为绿量科技品牌战略顾问。

整合资本市场和品牌传媒力量的颠覆创举，令绿量科技实现了跨越式发展！同时，绿量科技除了引起行业、媒体关注以外，也迅速引发了投资界、金融界的高度关注。各知名投资机构、投资人纷纷向润谷东方平台了解有关绿量科技项目投资模式及投资回报情况。

√展望未来，携手合作伙伴，共建环保家园

绿量科技以响应中央号召、引领行业升级转型、推动环保行业标准化为己任。绿量科技的目标是打造中国环保干电池最大的生产集团。为达成这个蓝图，绿量科技做了两项工作：一是研发了智能化设备，提高劳动生产率，减少用工成本；二是整合了上下游渠道。

绿量科技的环保电池革新，受到多个国家的电池制造商、电池应用商的青睐，他们纷纷来咨询、洽谈及订购。绿量科技新一轮的目标是与产业上下游更多合作伙伴以及消费用户携手共进，共建环保家园！

在"互联网＋"时代，每个行业发展都必须与时俱进，影响人类健康生活的电池环保科技行业更是责任重大。因此，提升技术、升华商业模式、改善运营架构，是电池环保科技行业的升级模式。绿量科技率先牵头从源头原材料到装备、从产品到资本，从资本到品牌，走出了一条整合、融合、组合的智慧之路。由此，绿量科技重组，标准化之后，在内部引起热购，投资机构、金融机构以及投资人也纷纷关注绿量科技。绿量颠覆商业模式初见成效，后续发展我们拭目以待。

未来绿量科技这样的企业会为环保事业、电池产业、环保关注者、投资者提供更多价值、更多惊喜、更多快乐！

当代节能，喧嚣市场中的一叶绿舟

绿色住宅开发需要巨大的投入，如果不能找到一种合理的商业经营模式，只能算是一种无法长久坚持的"公益"事业。因此，绿色商业化经营是实现绿色战略的关键。北京东直门万国城 MOMA，是国内率先引进欧洲高舒适度、低能耗建筑技术的住宅项目之一。从这个建筑的设计开始，它的开发商当代节能置业股份有限公司（以下简称"当代节能"）就踏上了绿色战略之途。

√ 把绿色商业化

当代节能从万国城 MOMA 开始，就将不为市场所认可的绿色、节能、生态建筑作为企业战略专心打造。这些年来，在异常红火的国内房地产行业，如果不坚持绿色战略，当代节能赚的钱可能比现在多得多。然而，那不是当代集团董事长、创始人张雷的追求。张雷之所以确立绿色战略，并不是因为他有花不完的资金，可以不计成本地投入，而是他较早意识到了中国经济发展模式的转变，并且在实践中逐步摸索到了一条绿色商业化的模式，这就是：当代节能必须向市场提供舒适而节能的住宅产品，这样才能够打造自己差异化的品牌形象和竞争能力。

当代节能绿色战略实践之旅，开始于万国城 MOMA 项目。MOMA 系列住宅产品面向拥有绿色环保意识、讲究品位、具有较强消费能力的社会中高端人士，用绿色、节能和环保技术，打造高舒适度住宅，满足高端用户的诉求。尽管绿色节能理念并不是当时房地产行业的主流，但在房地产行业摸爬滚打多年的张雷，却敏锐捕捉到了绿色节能的商机。他认为，在中国这样一个人多地少、资源逐渐短缺的市场上，只有开发绿色节能产品，才是房地产行业的可持续发展模式。

在张雷的定义中，绿色住宅一定是在设计阶段就用系统化的绿色节能思路，因地制宜地节能、节地、节水、节材。绿色商业化经营成为了张雷实现绿色战略的关键。"把绿色住宅产品，定位于高舒适度、高品质的高端市场"。张雷期望消费者即使不冲着绿色买单，也会冲着高舒适度买单。

√从建筑节能到绿色生态和可持续发展

为了从源头上尽可能地保证高品质，当代节能不惜成本聘请瑞士苏黎世联邦高等工业大学的 Bruno Keller 教授和 Dietmar Eberle 教授担任项目总设计师。当时这两位教授对中国市场几乎不了解，请他们在中国市场上设计住宅，风险极大，但张雷决定不给他们任何条条框框的限制，让他们尽情按照自己对绿色建筑的理解去设计。然而，他们设计的样板间出来后，却引来了一片反对声，当代节能请来的国内顶级专家几乎没有人认可这种建筑，"太不符合中国人的住宅习惯了！"

顶着一片否定，当代节能小心翼翼地推出了第一栋楼，那个没有阳台酷似写字楼样式的住宅。可是，市场结果却出乎所有人的意料，房子供不应求。它的恒温恒湿以及建筑质量和品质吸引来了大批客户。第二栋楼是在消费者的饥渴需求中诞生的。

在这个住宅的设计和材料选择上，欧洲建筑设计师都遵循最高品质的标准，而当代节能在执行上也丝毫不打折扣。比如，设计要求地脚线必须与墙面平齐，而不是像国内其他住宅那样后贴上去而突兀出来。这是一项很麻烦的工程。要在墙下端开出地脚线然后再贴、再做墙面，但是，这个设计可以少占住宅空间，并且由于没有凸出而让灰尘难以附着。对于这样一项品质细节设计，当代节能采取不少"笨"办法，对于那些看似能用但不能保证品质的配套产品和设备，他们一律舍弃，而选择花高价从国外进口；同时，他们还投入资金培训施工管理人员和作业人员，让他们充分理解绿色建筑并正确操作。

"消费者虽然不是建筑行家，但品质的好坏他们是能体验出来的。"当代节能决策层对消费者的这个判断，在随后万国城 MOMA 的热销中得到了验证。北京是一个国际化都市，这里有的是追求品质并懂得品质的高档消费者。2003 年国内房地产市场井喷，也促进了这类高档住宅的销售。

空间巨大的市场，促使当代节能的绿色战略有效地实践下去。他们一方面在太原、南昌和长沙等地探索不同气候、不同资源条件下的建筑解决方案并推出当地的 MOMA 住宅。另一方面，在北京继续探讨和实践更深层次的绿色建筑理念。启动于 2005 年、与万国城 MOMA 隔一条马路的当代 MOMA，就是它们的一个进化版本。万国城 MOMA 侧重于建筑节能，而当代 MOMA 的设计重点则是绿色生态和可持续发展理念。这个由美国建筑大师 Steven Holl 设计的建筑，不仅从技术的角度解决了能耗问题，还从布局上解决了建筑与环境相融的生态可持续发展问题。当代 MOMA 项目后来入选美国《TIME》周刊"2007 年世界十大建筑奇迹"等国际大奖。

在做万国城 MOMA 项目时，当代节能要依靠国外的设计、材料和设备，但是，在后来的太原、长沙和南昌项目中，当代节能已经是项目的主角，负责资源的配置和整合。经过七八年的项目实践积累，当代节能基本上掌握了绿色建筑的设计和技术集成方法。与此同时，当代节能也在国内培养了一批具有绿色共识的配套商，打造出一个支撑自己绿色战略的供应链体系。因此，它们所需的设备和材料现在可以百分之百地从国内获得。

√打造绿色能力导向供应链

当代节能沿着绿色战略升级爬升的过程，也是他们打造绿色能力导向供应链的过程。实际上，早在 2002 年，它们就制定了针对供应商能力要求的"五个三"标准：一是三个优异，即优异的承包商、优异的管理团队、优异的质量。二是三个奖项，即项目经理获过奖、施工项目须获奖、住宅项目须获绿色生态住宅奖。三是三个合理，即合理造价、合理工期、合理管理。四是三个提前，即提前竣工、提前交场、提前入住。五是三个服务，即业主有效监约的服务，售前、售中、售后服务，全员服务。供应商要投标，必须符合这些标准。

随着建设规模的增加，特别是在二三线城市的开发，它们的供应链成本优势也逐渐体现。比如在太原开发的 50 万平方米 MOMA 项目，就能充分利用规模优势而降低成本。

当代节能的供应商管理系统中有 4000 多家配套企业信息，当代节能的供应商就来源于这个资源池。对于供应商的筛选，当代节能通过 10 个评价环节，包括招投标、签合同、跟厂商的付款结算、入户等，并依据这个评价把供应商分成五个等级。目前进入四级和五级的供应商有 30 家，三级供应商有 427 家，一级和二级则分别有 80 多家和 9 家。级别越高，享受到的商务政策就越好，比如能获得更高的付款比例、投标保证金减免等。不过，为了维持四五级供应商的能力水平，当代节能每年都会在这两个高级别队伍中实行10% 的淘汰更换比率，这样也能给低级别的供应商提供一个努力奋斗的希望。

√培养系统级供应商

要打造成熟的供应链体系，必须让合作伙伴基于一个平台、用一套标准协同。因此，当代节能要能把整个项目进行模块化分割并形成标准化。为了这个需求，当代节能研发中心于 2002 年成立。它们的职能就是针对每个项目进行总结，把一些能沉淀下来的技术和方案进行标准化，比如标准化的窗系统、温度控制系统等。

这些标准化的部件系统，不仅是与供应商合作的技术基础，也能提升供应商在供应链中的地位和能力。对于渴望做大做强的供应商来说，这样的提升无疑具有吸引力。开利公司就是一个这样的提升者。与其他房地产企业合作时，开利公司只是空调产品提供商，但是，在当代节能的绿色供应链中，开利公司上升为温度控制系统解决方案提供商，它的控制范围超出了原来的产品级别。

现在，当代节能具有一级房地产开发资质，下设当代鸿运、当代东君、当代房产、澳新纪元、山西当代、湖南当代、江西当代、九江当代、仙桃当代、绥中当代、湖北当代等多家子公司。已有 34 项专利申请提交至国家知识产权局并已获受理，其中 27 项是发明专利申请。

在绿色建筑成为趋势的房地产行业，在喧嚣市场中独辟蹊径、修行绿色战略的当代节能，已经具备了一定的先发优势和超越资本。未来百年，当代节能坚持在可持续发展的道路上，实践着企业绿色节能环保的发展承诺和进步宣言。

海南生态软件园成"互联网＋绿色"引擎

2015 年 5 月 19 日，夏日骄阳，海南省澄迈县老城开发区美仑河畔，简约时尚的第三时间商业街已开街迎客，腾讯创业基地正式启动，18 家怀揣创业梦想的初创企业陆续入驻办公运营，这就是正在蓬勃生长的海南生态软件园。自 2009 年开工建设以来，入驻企业 570 多家，从业人员超过 5000 人，2014 年实现营业收入 113 亿元，年均增长 74.9%，亩年产值达到 2000 多万元，是海南省年亩产值最高的园区。

海南生态软件园被视为海南互联网产业集群异军突起的缩影，以无污染、高附加值、跨越式发展印证了海南信息产业在经济新常态背景下所做出的新探索，是海南实现科学发展、绿色崛起的又一创新实践。生态软件园已成为海南省聚集发展高新信息服务业的重要载体和"海南互联网 + 绿色"的引擎。

√百亿信息产业集群促转型升级

一直以来，践行"生态立省"的海南把信息产业列为全省战略性新兴产业发展的重点，多次强调"海南发展绿色、低碳、高技术、高智慧产业，要加大扶持力度，实现信息产业聚集和跨越式发展"，提出了"一岛一区两园"发展战略，海南生态软件园便是其中重要组成部分。为培育龙头企业带动信息产业发展，自 2009 年生态软件园建设以来，海南省委、省政府及澄迈县政府等相关部门从土地、财税、融资、产业服务、人才等方面提供了"一揽子"倾斜政策，全方位引导扶持软件园发展。

在海南省委、省政府的大力支持下，生态软件园迅速成长起来，短短六年，聚集了中国电子科技集团、东软集团、东华软件、腾讯等知名企业，也吸引了巴别时代、欢乐互娱、奇楠沉香电子商务等一大批创新型互联网企业进驻。

√ "暖巢"环境孵化创业梦想

在生态软件园腾讯创业基地一楼大厅，最醒目的莫过于大厅墙壁上 18 家入驻初创企业的 Logo。爱哪哪儿网、尚南文化、爱目无线等新入驻腾讯基地的企业，大部分属于互联网创新型企业，核心竞争力为人才和文化创意，主要通过"人脑＋电脑"模式创造绿色 GDP。

爱哪哪儿网副总裁王东凯放弃北京的高薪工作，选择海南作为互联网创业起步点。他说："虽然海南的人才环境还不能跟北京、深圳等一线城市相比，但海南的旅游市场潜力巨大，互联网产业的发展速度快速，我们对企业的未来非常有信心！"

也有人说："软件园是一个综合服务平台，从招商引资、融资服务、人才培训等各方面为企业搭建多层次的孵化体系，通过引进龙头企业，培育标杆企业，逐步形成一个良好的产业生态圈。"

初创企业可在这里孵化成长，而知名企业落户于此则是看中了软件园的互联网企业集群效应。选择落户生态软件园，正是看中了园区的互联网基因，可将海南的资本市场影响力辐射全国。同时，软件园的发展也辐射、带动了老城乃至海口地区的发展。

√ "互联网＋"下升级为 2.0 版

在强劲的互联网创新创业势头的吸引下，生态软件园于 2015 年掀起了一股"海南互联网产业集群大行动"，与腾讯开展合作，共建创新创业基地、创业大赛；举办腾讯全球合作伙伴大会，打造互联网经济示范区；举办游戏产业年会，与中国音像与数字出版协会共建中国游戏数码港。短短几个月，生态软件园爆发增长。2015 年第一季度，生态软件园逆势递增，实现收入 47

亿元，完成固定资产投资5.5亿元，新增企业近200家，税收近2亿元，同比增长3.6倍多，园区从1.0版成功升级至2.0版。

如何理解1.0版升级到2.0版？2.0版的生态软件园，是指园区基于新的产业发展阶段，开始逐步形成信息产业生态圈，逐步完善产业培育体系、硬件配套措施，企业发展有了"微城市·心生活"的新诉求，要把园区打造成一个生活、工作圈不超过15分钟的微城市，为员工提供"事业、家庭、健康"平衡的生活工作平台。事实上，从开园初期提出的"第二办公区"到2015年提出的"产城融合"发展理念，都是园区跟随市场诉求、时代理念的变化而不断地调整发展战略思路。

√微城市的大魅力

"在公园里工作，在生活里创新。"这是海南生态软件园面对外地互联网企业打出的诱人口号。不可否认，即使是对在海南本地生活多年的人，这句话也同样有着巨大的吸引力。

走进园区，独栋的低层办公楼，点缀在繁茂的花草绿树中。住宅生活区内有游泳池、网球场等，免费向园区公司职员开放。商业街已经开业，里面不仅有常见的餐厅、酒吧、KTV、商店，还有"高大上"的万达影城。下班后，大家步行至此，约上三五好友……这就是生态软件园提出"微城市"概念的真实生活——居住、工作、休闲15分钟生活圈，完全区别于大城市的物理空间，可以把每天浪费在上下班的三四个小时用于交流思考、陪伴家人、锻炼身体，实现事业、家庭、健康的平衡。此外，从北京引进的品牌幼儿园2016年将投入使用，优质的中小学也正在规划之中。

"麻雀虽小、五脏俱全"。小而精的"微城市"，不仅生活配套服务越来越完善，还为创业提供人力资源、公共技术、融资、联合营销四大平台综合服务，加上海南得天独厚的生态环境，它对省外互联网企业的吸引力越来越大。确实，每天从饱含负离子的空气中醒来，放慢脚步，和家人一起上学、上班，在公园里工作，在生活里创新。谁能抵抗这样的诱惑呢？

生态软件园还在继续探索中。2015 年，生态软件园将继续携手腾讯开展互联网创业大赛，继续办好 2015 年中国游戏产业年会，在"互联网 +"的发展导向下，继续向互联网产业聚集发力。

第12章 "互联网＋人工智能"

　　继移动互联网之后，人工智能的浪潮开始掀起，新一轮技术革命风暴已经到来，中国顺势而为，顶层设计的《指导意见》也将"互联网＋人工智能"列为重点计划。事实上，很多科技公司已经开展了人工智能"军备竞赛"，智能餐桌、智能化的小米手机等产品也已经出现。我们有理由相信：人工智能在未来10年乃至更长时间有望成为焦点。

智能化是"工业4.0"之魂

　　第一次工业革命是随着蒸汽机驱动的机械制造设备而出现的；第二次工业革命是基于劳动分工、由电力驱动的大规模生产；第三次工业革命是用电子和IT技术实现制造流程的进一步自动化；而如今，第四次工业革命即"工业4.0"正在来临！

√ "工业4.0"的内涵

　　"工业4.0"研究项目由德国联邦教研部与联邦经济技术部联手资助，在德国工程院、弗劳恩霍夫协会、西门子公司等德国学术界和产业界的建议和推动下形成，并已上升为国家级战略。"工业4.0"战略在2013年4月的汉诺威工业博览会上正式推出，其目的是提高德国工业的竞争力，在新一轮工业革命中占领先机。

德国制造业在世界上最具竞争力，在全球制造装备领域拥有"领头羊"的地位。这在很大程度上源于德国专注于创新工业科技产品的科研和开发，以及对复杂工业过程的管理。德国拥有强大的设备和车间制造工业，在世界信息技术领域拥有很高的水平，在嵌入式系统和自动化工程方面也有很专业的技术，这些因素共同奠定了德国在制造工程工业上的领军地位。通过"工业4.0"战略的实施，将使德国成为新一代工业生产技术（即信息物理系统）的供应国和主导市场，会使德国在继续保持国内制造业发展的前提下再次提升它的全球竞争力。

作为德国政府的高科技战略计划，"工业4.0"这个概念包含了由集中式控制向分散式增强型控制的基本模式转变，目标是建立一个高度灵活的个性化和数字化产品与服务的生产模式。在这种模式中，传统的行业界限将消失，并会产生各种新的活动领域和合作形式。创造新价值的过程正在发生改变，产业链分工将被重组。

德国学术界和产业界认为，"工业4.0"概念即以"智能制造"为主导的第四次工业革命，或革命性的生产方法。该战略旨在通过充分利用信息通信技术和网络空间虚拟系统—信息物理系统相结合的手段，将制造业向智能化转型。

"工业4.0"项目主要分为三大主题，一是"智能工厂"，重点研究智能化生产系统及过程，以及网络化分布式生产设施的实现。二是"智能生产"，主要涉及整个企业的生产物流管理、人机互动以及3D技术在工业生产过程中的应用等。该计划特别注重吸引中小企业参与，力图使中小企业成为新一代智能化生产技术的使用者和受益者，同时也成为先进工业生产技术的创造者和供应者。三是"智能物流"，主要通过互联网整合物流资源，充分发挥现有物流资源供应方的效率，而需求方则能够快速获得服务匹配，得到物流支持。

在"工业4.0"时代，虚拟全球将与现实全球相融合。通过计算，自主控制和联网，人、机器和信息能够互相联结，融为一体。未来制造业将实现更高的工程效率、更短的上市时间以及生产的灵活性。

从以上描述中不难看出，"工业4.0"对智能化的要求涵盖更广，涉及机器感知、规划、决策以及人机交互等方面，而这些领域都是人工智能技术的重点研究方向。

√ "工业4.0"已经进入中德合作新时代

2014年11月李克强总理访问德国期间，中德双方发表了《中德合作行动纲要：共塑创新》，有关"工业4.0"合作的内容共有四条，第一条就明确提出，工业生产的数字化就是"工业4.0"对于未来中德经济发展具有重大意义。双方认为，两国政府应为企业参与该进程提供政策支持。

随着中国的加入，德国对"工业4.0"标准的制定或将加速。而借鉴德国"工业4.0"计划，是"中国制造2025"的既定方略。

德国联邦贸易与投资署中国事务专家 Christina Otte 认为，中国工业转型在中国转变经济增长模式的过程中扮演着重要的角色。中国政府试图重新平衡经济发展，即减少以投资和出口为基础的增长，寻求更多来自内需驱动的增长。为了实现这一目标，中国需要实现工业现代化。为了保持 GDP 在一个稳定的增长水平上，它需要从劳动密集型生产模式切换至高效的高科技生产模式。劳动力成本急剧上涨，并且将来仍会继续扩大。中国将在不久的将来面临合格人才的短缺。从长期来看，只有那些进入高端制造业的企业才有机会留在市场里。这种现代化所带来的压力将影响中国几乎所有的行业，而工业自动化和新一代信息技术的集成是关键。"德国的'工业4.0'可以为中国提供一种未来工业发展的模式，帮助中国解决眼下所面临的一些挑战，如资源和能源效益、城市生产和人口变化等。"Christina Otte 说。

2015年2月9日，由德国"工业4.0"研究机构、中国相关院所和中德两国企业组成的青岛中德"工业4.0"推动联盟，在中国第十一个国家级经济新区——青岛西海岸新区成立，成为中国首个"工业4.0"联盟。

青岛中德工业4.0推动联盟由同济大学、博世（中国）有限公司、海尔集团、赛轮股份有限公司等21个成员单位共同发起。联盟单位包含中德两国知名的大学、企业和机构，涉及科研、制造、软件等"工业4.0"必备的产业环节，在全球具有数千亿美元的市场影响力。联盟将围绕信息采集分析、方案设置、人才培养、学术交流、应用示范等方面开展广泛深入的交流与合作，共同推动两国核心竞争力的提升，成为中国推进"工业4.0"的重要组成部分。

青岛西海岸新区将以中德"工业4.0"推动联盟成立为契机，加快引进高端4.0研发机构，建立"工业4.0"研究院，构建跨新区"工业4.0"公共技术创新服务平台，为全区工业企业智能化升级改造提供系统化技术解决方案。同时，还将提供产业政策支持，设立"工业4.0"推动引导专项基金，引导企业逐步实现智能化生产改造，培育一批示范企业，创建"工业4.0"示范园区，建立"工业4.0"定期培训制度。争取到2017年，1~2家工业企业构建"工业4.0"示范企业；到2020年，8~10家工业企业完成"工业4.0"升级改造；2025年将根据区域经济和企业发展情况，对一批规模以上工业企业进行"工业4.0"升级改造。

中德生态园作为中德两国共同建设的生态型、智能型、开放型利益共同体，被商务部、德国经济部誉为"是一个生态领域的灯塔式项目，是中德双边合作园区的典范"。目前，德国辛北尔康普等一批德国隐形冠军企业，以及正大海尔、力神新能源等一批高端产业已经在园区快速集聚。

√ "工业4.0"下制造业的商业模式

商业模式对制造业至关重要。那么，在"工业4.0"时代，未来制造业的商业模式是什么？就是以解决顾客问题为主。所以说，未来制造企业将不仅仅进行硬件的销售，而是通过提供售后服务和其他后续服务，来获取更多的附加价值，这就是软性制造。而带有"信息"功能的系统成为硬件产品新的核心，意味着个性化需求、批量定制将成为潮流。

制造业的企业家们要在制造过程中尽可能多地增加产品附加价值，拓展更多、更丰富的服务，提出更好、更完善的解决方案，满足消费者的个性化需求，走"软性制造 + 个性化定制"道路。

人工智能成为科技公司的"军备竞赛"

人工智能，是研究、开发用于模拟、延伸和扩展人的智能的理论、方法、技术及应用系统的一门新的技术科学。它是计算机科学的一个分支，企图了解智能的实质，并生产出一种新的、以与人类智能相似的方式做出反应的智能机器，该领域的研究包括机器人、语言识别、图像识别、自然语言处理和专家系统等。

人工智能从诞生以来，理论和技术日益成熟，应用领域也不断扩大，可以设想，未来人工智能带来的科技产品，将会是人类智慧的"容器"。人工智能是一门极富挑战性的科学，从事这项工作的人必须懂得计算机、心理学和哲学知识。

∨人工智能的"军备竞赛"

提起"人工智能"，人类似乎总会陷入某种过分的恐慌之中。2014 年 10 月，特斯拉公司 CEO 埃隆·马斯克在美国麻省理工学院的一次演讲中，将人工智能技术描述为"对魔鬼的召唤"。他说，研发出和人类智能势均力敌的"人工智能"，可能是人类面临的最大威胁。对于这点，哈佛大学的一位哲学家尼克·博斯特罗姆也把人工智能与全面核战、巨型流星撞击地球等一起列为巨型灾难，而他本人正是"生存风险"这个概念的创始人之一。同时，剑桥大学"生存风险"研究中心创始人里斯勋爵也认为，人工智能给人类带来的生存威胁非常严重，而他曾经执掌英国最先进的科学团体——英国皇家学会。

不过，这些来自资深科技专家的深深忧虑，与人工智能这个领域内部充斥的乐观态度以及迅猛发展，形成了鲜明的反差。一些世界知名大公司，如谷歌、Facebook、亚马逊、百度，甚至开始了一场关于人工智能的"军备竞赛"，他们争先恐后地争取科学家、建立实验室、购买启动设备，人工智能大爆发的迹象比比皆是。

比如，业内相传谷歌为一个叫"深思"的伦敦人工智能创业项目投入了 4 亿美元，在 Facebook 的眼皮底下攫取了这个公司。而后者也在积极建立自己的人工智能实验室。同时位于芝加哥的叙事科学公司、位于英国剑桥和美国麻省的肯硕公司也都沐浴在投资人的"钱雨"之中。IBM 公司也宣布他们要在一款智能计算机的基础上，研发一种能够分析健康报告并提出医疗建议的人工智能，而这个作为基础的 Watson 智能计算机，2011 年曾经在一场美国智力竞赛中击败两名人类冠军。

总体看来，人工智能业内人士并不担心被自己的造物所超越。其实他们并没有创造什么新的"思维模式"，只是让原本只能由人做的事情被机器完成而已。

√人工智能的关键是能够"深层学习"

其实，对人工智能的研究几乎是与对计算机的研究同时开始的。其中最令人兴奋的部分被叫作"深层学习"，以前也称"机器学习"，它指的是计算机通过大量运算教会自己学习的一种能力。做到这点也并非毫无可能，不过需要非常巨量的数据运算。

为了解决这个问题，目前很多人工智能运用的是一种叫作"神经网络"的技术。这种用来进行分析统计的技术虽然已有些年头了，但其实非常有价值。早在 1950 年，研究者们就发明了神经网络结构，那时他们还不知道"智能"为何物，不过能够确定的是，人类的大脑也有这样的结构——人脑不是通过晶体管，而是通过神经元进行信息处理的。而神经元是一种多触手、高联结的细胞，它们通过彼此来传递生物化学信号刺激——这可能就是某种智能活动的形成。

然而，人类的神经元细胞极其复杂，模仿谈何容易！要做到这一点，"深层学习"需努力学习人类的技能，但这其间需要人类的介入。

√并非机械中的鬼魂

更好的智能手机、更精密的机器人和更方便的网络，对世界来说无疑是一种福音，但这些已经学会了图像语言识别和自编程序的机器人，是否会让前文埃隆·马斯克的担心成为现实呢？这些聪明能干的计算机，是否超越了其创造者的智商而迈出了重要、危险的一步呢？

其实，人工智能在运行中运用了很多非理性的方法，只不过结果使得它们看起来像是有些"理性"而已。就像另一位人工智能先驱者埃德加·迪克斯特拉所说，人工智能只是看起来很厉害很复杂，"就像潜水艇看起来也很厉害很复杂，但它会思考吗？"

另外还有一些例子可以轻易打消人们的疑虑。有研究者已经发表论文来论证这些所谓高智能的图像分辨计算机是多么容易被人们愚弄，在没有任何提示和任何背景提供信息时，这些智能软件的答案往往令人啼笑皆非。研究者甚至可以制造出在人看来就是一团随便涂鸦的图像，但这些图像有某种误导智能软件的能力，所以智能软件往往把它们错误地识别成一种具体的东西。

不过，新技术的诞生总会影响工作机会。也许将来，智能手机的计算能力顶得上现在一座城市中所有电脑的总和，那时人们不需要翻译也不需要体检医生，一切相关服务都在他们的口袋里。而人们为此所付出的，只是一块手机电池的费用而已。

总之，更加智能的计算机绝对是一种革命性的技术，但绝不是马斯克先生和里斯勋爵所担心的那一种。当然，也许在遥远的未来，会有机器合成带有人类性格的仿真大脑，但是在那一天到来之前，还是先担心一下自己的工作会不会被眼前的人工智能抢走来得现实。

高科技打造智能餐桌，颠覆家居方式

都说科技是第一生产力，科技的力量已渗透人们生活的方方面面。作为家居生活必不可少的餐桌，在科技的光环下，开始从单纯的桌子突破成现今的智能餐桌。这种与时俱进的高科技产物，无疑给人们的生活带来了更智能与时尚的体验。

√体验海底捞智能餐桌

海底捞从来不曾停下追求极致服务的脚步，即将推出智能餐桌。此款智能餐桌由海底捞研发中心倾情打造，计划于 2015 年 6 月在上海推出。下面，让我们体验一下海底捞的智能餐桌，这是一场颠覆式的体验盛宴！

顾客就座：此时桌面上会有触摸区提示，轻触触摸区，会出现一段酷炫的开机动画，最后定格在海底捞字样，接下来顾客的餐盘上将出现神奇的虚拟动画，足够吸引人们的眼球……

顾客点餐：顾客在用 Pad 点餐时，可以选择是否将菜单投射到桌面上，如果选是，其他顾客就能看到点菜的内容。如果不想看，可以选择玩游戏，PK 之后决定今天谁买单！

顾客游戏：植入当下最流行的游戏 2048，并有自行开发的拍苍蝇等游戏，快来比比看谁的动作快！不同桌号之间也可以 PK！

桌布选择：上菜啦！上菜啦！停下游戏开始享用美食大餐吧！这时您可以根据自己的喜好和心情，选择就餐时的桌布，不要太纠结是田园风还是令人垂涎欲滴的水果图案！

上菜期间："客官，这是您点的澳洲肥牛。"服务员把菜盘放在餐桌上，餐桌瞬间出现广阔的绿油油的大草原，让您胃口大开，菜品的介绍也随之而来，让您吃得开心，吃得放心。

结束用餐："服务员，买单！"随着买单结束，餐桌上出现温馨提示，并期待您的下次光临！

服务升级是海底捞永恒的话题，当下海底捞要做的就是与时俱进，结合"互联网＋人工智能"，不断推陈出新，给予客户全新差异化的服务体验！

√宜家家居的智能厨房

2015年"五一"期间的米兰世博会是历史上首次以食物为主题的世博会，参展的除了各国美食，最吸引人眼球的莫过于知名家居品牌宜家家居打造的概念厨房了。没有冰箱、没有炉灶，一张桌子就能完成炒菜做饭的未来厨房。

一张看起来好像很普通的桌子，却以高科技取代了炉灶、iPad、计时器还有充电器等。这就是集多种酷炫功能为一身的未来生活桌。

有个番茄要坏了，不用担心，把它放在桌子上，桌子自然会告诉我们怎么做最好吃。而且不仅要美味，如何搭配、烹调才比较营养也很重要。正所谓"一桌在手，资讯全有"。

但是，只告诉我们怎么搭配肯定不行，因为未来生活桌还能一步步指导我们烹调，而且还顺便配了个计时器，省得我们没留神儿把番茄做糊了。一对一定制的烹饪课程就是这么赞！

最神奇的是，炒菜做饭一张桌子就够了，哪里还需要什么炉灶！只要把锅放在桌上，煎炒烹炸无所不能，真正的现炒现吃，从此只吃带着锅气的料理。未来的桌子居然还能保温、充电。以后我们家真的只要一张桌子就够了。

如此高科技的未来厨房又怎么会需要冰箱呢？一台带温控的开放式厨架就能搞定一切。想放冷的放冷的，想放热的放热的，冷热酸甜想吃就吃。据说这种精准控温的厨架还很节能环保。但是更重要的是，我们可以一目了然地看到里面有什么，下次再有人偷吃雪糕，瞬间就能"破案"。

不同的食材需要不同的温度怎么办？这种事情不需要我们操心，带着温度电子标签的透明盒子可以直接让架子一直保持指定的温度，想做饭的时候打开盒盖就能用，再也不用担心需要多长时间化冻了。下班回家后做一条完美的煎三文鱼就是这么简单，省时省力省心还省煤气。

现在水资源问题都那么严重了，那未来怎么办？别担心，未来我们会拥有带两个水槽的厨房水池。一个水槽装已经不能再用的"黑水"，另一个装还算干净的"灰水"。"黑水"被直接排放到下水道，"灰水"被导入洗碗机里继续使用或者用来浇灌花花草草。环保的循环利用水资源就是这么简单。

垃圾分类也是个老大难吧？但在未来厨房里，只需要把垃圾投入不同颜色的区域，它们就会自动被机器碾压、包装、贴上标签，等着回收再利用了。一"投"完成垃圾分类，也太便利了吧。如果垃圾错扔了区域是会被系统扣分的。

谁说科技只是冷冰冰的机械感？如此贴心、便利，还如此环保的厨房，怎么能不让人心情愉悦呢？未来厨房——集多种酷炫功能为一身的未来生活桌，离我们不远！

从小米案例看"互联网+"模式的落地

"互联网+"计划如何落地，是当下人们讨论的重要话题之一，而在电子商务的硬件日趋智能化的今天，小米手机技术上的高度智能化，小米公司经营上的商业模式，可以说比较系统地反映了中国企业应有的走向。

先来分享一段相关资讯：2015年4月6日是小米公司成立五周年的纪念日，短短五年时间，小米CEO雷军就把小米手机做到了一个世界级公司的规模，2014年销量超过6200万部，2015年的销售目标是1亿部。美国的《时代周刊》甚至用长篇幅报道了雷军和小米手机，并用"中国的手机之王"这样的称号高度评价雷军，超过了国内媒体对雷军的评价。

√小米商业模式解析

有专家将商业模式精辟地归纳为三点：一是赚谁的钱；二是如何赚钱；三是如何持续地赚钱。如果用这三点来分析小米的商业模式，就会清晰地看到小米公司的商业模式。

从赚谁的钱看，小米对自己的目标人群有着清晰的定位，尤其是小米1和小米2。20~25岁，大专以上学历，毕业不到五年，收入2000~6000元，喜欢网购，有自己的消费观，社会地位不高，在社会底层工作。从人群看，小米初期定位的就是典型的草根人群。

小米1、小米2、小米3都是低价高配，2000元价位的小米手机配置几乎可以和苹果5、三星Note3媲美，这样的配置对于草根人群无疑是杀手锏，击中了他们的痛点。

低价高配的市场定位让小米无往而不利，小米以低价高配的策略进入了移动电源市场，1 万毫安的移动电源可以卖到 69 元，小米手环更是卖到 79 元，要知道市场同类产品的价格高达 1000 元。

从如何赚钱看，和传统制造企业不同的是，小米是典型的轻资产商业模式。小米不投资制造工厂，却投入巨大的财力和人力在研发环节，是典型的众包方式做研发，米优系统每周都会升级一次，目前已经发布了 200 多个版本。而在生产制造环节，小米却选择和采购最好的供应商和原材料，红米都是富士康生产的，最好的生产换来的是好的品质和如期完成的产品，貌似成本较高，其实降低了成本。这些都是电子商务要求硬件智能化的体现。

小米最初通过小米官网直接销售，随着定位的大众化，小米的销售渠道主要分为四类：一是小米手机官网；二是淘宝；京东网上商城；三是苏宁、国美实体店；四是联通、移动、电信的运营渠道。

小米非常重视售后服务。第三方做客服很难做，服务不好，人员流失率高，但是小米都是自己做售后服务，小米投入巨资创办了"小米之家"，有 1700 个客服席位，2750 人的售后服务队伍，是竞争对手的 10 倍，优质的服务确保了小米的口碑。

从研发、生产、销售和服务四个环节看小米，就是一家典型的轻资产模式的公司，它没有自己的工厂，不自建零售渠道和终端，却把注意力放在两头，研发和售后服务环节，这就是小米与众不同的地方。

从如何持续地赚钱看，传统的工商企业主要靠技术、品牌与行业控制力。小米则更注重利用社交网络加强品牌与行业控制力。比如 2011 年 8 月，小米 1 上市，雷军在微博上"炫耀"自己用过 56 部手机，结果有 56 万人参加互动，雷军利用自己的影响力让他们成为小米的"粉丝"；2012 年 5 月，雷军又在微博上抛出一个话题：传说人的灵魂是 21 克，那什么是 150 克呢？引发了网友和粉丝的讨论和转发，最后揭晓，小米青春版手机的重量是 150 克。由此也反映了小米手机的智能化水平。

手机巨头每年投入百亿美元打广告，但小米却几乎不做广告，小米用社交媒体、自媒体、网络媒体进行营销，代表着非广告时代的来临。

小米论坛也是极其活跃的地方，每天都会新增 20 万个帖子，小米会筛选出 8000 条反馈给工程师，每个工程师必须回复 150 个帖子，这等于将管理工作下放给用户和工程师，而粉丝的回赞让工程师也很开心。因此，小米手机 30% 的功能改进来自粉丝的建议。

√ 小米转型"互联网 +"的启示

雷军关于小米商业模式的七字诀：专注、极致、口碑、快。这七字诀在业内很有名气，被认为是"互联网思维七字诀"。对于很多传统企业而言，转型"互联网 +"，小米的案例具有很现实的借鉴意义，可以给传统企业更多启示，体现在以下五个层次：

第一层次，做产品。作为互联网行业的一个实物品牌，小米做产品的战略就是做爆品，单机绝杀市场，靠的是过硬的品质即智能化、降低成本和良好的口碑。爆品战略可以把营销更多地凝结在产品中，产品本身就是广告，不需要打广告，这种模式也为复制提供可能。

第二层次，做人。工业化时代的营销，是推出产品，做广告，打知名度，提升美誉度。而在"互联网 +"时代，消费者与企业冰冷的物质关系结束了，营销的做法完全相反，通过情感联结，先有忠诚度，然后才是美誉度，最后形成知名度，小米营销的模式就是强调情感，不强调功能。

第三层次，复制。做出一个成功产品的商业模式，然后迅速复制出去，在地产行业，万达广场就是这种模式，不断把万达的模式复制到全国各个城市。但是，万达的模式非常复杂，风险大。互联网产品就不同了，可以把产品串起来，交易成本很低。因此，小米很快把这种成功模式复制到小米手环、小米盒子、小米移动电源、小米活塞耳机、小米摄像头、小米智能血压仪、小米家装、小米净水机等领域。

第四层次，做生态系统。小米更厉害的地方在于，小米建立了一个生态系统，就成为三个小米，一个小米是小米的米优系统，包括小米的内容、服务等；另一个是小米的硬件，包括小米手机、小米路由器、小米电视等；还有一个小米则是小米投资的 1000 家智能硬件，这一块还没有完全建立起来。

第五个层次，国际化。目前小米已经进军俄罗斯、印度、东南亚国家，据悉，小米已经在印度获得印度塔塔公司的战略投资。

总之，中国企业现在处在一个好的时代，这个时代至少包含两个机遇，一是硬件智能化浪潮，二是电子商务，小米模式就是带有中国制造业特色的商业模式；同时，在"互联网＋"落地方面，很多企业把"互联网＋"当成了"＋互联网"，这是理念的错误，"互联网＋"是化学反应，"＋互联网"是物理反应，小米的案例在这方面提供了很好的样本。

互联网科技巨头对人工智能的"深思"

先是 Facebook 的人工智能研究团队宣布开源多款深度学习人工智能工具，随后百度 CEO 李彦宏透露，百度这两年加大对人工智能等技术方面的投入，接着业界和学界的"大咖"对人工智能再起争议。对于人工智能，互联网科技巨头究竟有怎样的"深思"？

√关于"深度学习"的思考

2013 年 3 月，谷歌收购了由加拿大多伦多大学计算机科学教授杰弗里·希顿创立的深度学习企业 DNNresearch，由此奠定了在"人工智能·深度学习"领域一马当先的地位。

微软、苹果、Facebook 等国外大牌科技企业纷纷玩起了深度学习，吸引不少相关人才参与人工智能深度学习的研究。

无独有偶，百度发力人工智能的关键词也是"深度学习"。百度深度学习研究院常务副院长余凯甚至放言：在深度学习方面，百度可以比谷歌、Facebook 做得更好。

其实，这话微软早就说过。2014 年 7 月，在微软总部的学术峰会上，微软的研究团队对外宣布他们的深度学习系统"亚当"（Adam）已经超越了谷歌公司的深度学习技术，创下了新纪录。据悉，Adam 比之前的深度学习系统在图片识别方面快 2 倍，而且节约 30 倍的计算机。

人人都将深度学习挂在嘴边，似乎它真的成为促使人工智能向前迈进的"利刃"，但是，事实真的如此吗？

吴恩达对从深度学习走向人工智能的道路确实深信不疑。吴恩达曾为谷歌大脑项目创始人，加入百度公司后又提出了"百度大脑"计划，而"百度大脑"计划的关键之一就是深度学习技术的拓展。

所谓深度学习，是一种神经网络的技术，受到了人类大脑运作的启发，创作软件模拟神经元，建立神经网络深度模拟大脑神经元传播路径和方式。在大数据时代，越来越多数据的集合显然为深度学习技术的发展提供了机会。吴恩达也提出：在大数据时代，深度学习的算法不断优化，比传统人工智能的算法更好，因为它能够逐渐提高人工智能技术的性能。

吴恩达所指的，是深度学习的算法从文字向图片再向声音和视频不断升级。从文字、图片、语音和视频中获得的一切数据都是推动深度学习不断前进的“燃料”，因此，百度公司目前正不遗余力地在这些方面深耕细作。

但是，有关炒作深度学习的噪音却无处不在。2014 年 11 月，吴恩达在接受《华尔街日报》采访时就提到，现在深度学习领域有众多初创企业。不幸的是，深度学习太火了，一些初创企业声称它们属于这一领域，但实际并没有掌握“深度学习”的内涵。

吴恩达认为：“‘深度学习’为用户和企业创造了巨大的价值，但也有很多是炒作。我们往往会说深度学习是对人类大脑的工作方式松散地模拟。这一解释很简单，但导致人们有时滥用这一词汇。‘深度学习’与人类大脑的工作方式大不相同。我们甚至至今还不了解人类大脑是如何工作的。”

事实上，对神经网络研究已久的饶毅在未来论坛上表达了与吴恩达相同的意见：“今天人们尚不了解人大脑是如何工作的，所以的确无法来准确模拟人类大脑。深度学习软件虽然可以模拟人类大脑，但只是从特别浅的层面来模拟大脑运作方式。”

就连谷歌、百度、微软等在深度学习领域做出了一定成绩的大企业，也正在被外界质疑着——目前这个领域的巨头，更愿意将人工智能的研发结果以实验室数据的形式进行展现，但实验数据是否能够证明这项技术可以商用？因此，值得怀疑的是，那些遍布各地、被各大小企业挂在嘴边依仗着的深度学习的所谓“深度”又从何而来？

√关于走向通用智能的思考

如果说深度学习是人工智能热炒的“现在时”，那么，人工智能能否从狭隘的智能范畴走向通用智能则是拷问未来的问题。

通用智能又称为强人工智能，即具备与人类同等智慧或超越人类的人工智能，能表现正常人类所具有的所有智能行为。

美国通用人工智能会议主席本·格策尔则认为，目前无论是产业界，还是学界研究，都将大部分精力花在了相对狭隘的人工智能系统研究上。"狭隘的人工智能系统可以做特定的事情，比如无人驾驶、把语音变成文本、分析特定的基因数据或制定特定的治疗方案，每一个人工智能的项目现在都是做特定的工作。"

但是，从狭隘走向通用的过程中，思想的边界和技术的掣肘却是不得不经历的阶段。人们对人工智能的看法也在不断修正。1957年，人工智能学者、通用问题求解机发明者之一的赫伯特·西蒙曾预言，计算机会在10年内成为国际象棋冠军；但是直到1997年，电脑"深蓝"才战胜了象棋冠军加里·卡斯帕罗夫。

在人工智能发展的早期，这种过分乐观的情绪一直存在，但是随着人们对人工智能领域的不断探索，才发现人工智能要想完全模拟人脑，走向通用人工智能，还有太长的路要走。但是，本·格策尔依然对通用人工智能的发展持乐观的态度，因为在无意中人们已经向通用人工智能靠拢。

一个典型的案例是，日本福岛核泄漏事件发生后必须关掉核电发动机，如果让人来做十分危险，日本虽然在类人机器人方面做了很多工作，但当时还无法找到能够胜任的机器人，后来他们找到了美国军方的机器人，完成了关掉核电厂的工作。

对此，本·格策尔说："在福岛核泄漏事件中，就看到了狭隘的人工智能和通用人工智能之间的区别，虽然过去人们没有设想到这种情况，但还是造就了可以关掉福岛核电站的机器人。因此，我们必须开发出通用的人工智能，这样就可以应对各种情况。"

或许，本·格策尔的乐观确实值得赞同。这位走在通用人工智能研究前列的专家及他的团队正在和一家公司合作，将爱因斯坦的仿真机械头颅连接到商业机器人身上。目前，该机器人可以识别简单的面部表情和物体，探索人们话语中的情感，并与科学家对话。就像培养孩子一般，这个机器人并没有固定的成长路径，而是在不断地学习。

回归到产业上，值得注意的是，谷歌、百度等大型科技公司的人工智能产品当前似乎有走向通用人工智能的趋势。据吴恩达透露，百度机器人目前的智力水平相当于几岁的小孩，正在语音识别、自然语言处理以及深度问答的技术上不断探索。

本·格策尔希望，以爱因斯坦机器人为代表的这一类"看似无特殊用处"的机器人技术的发展能给人工智能产业带来新的思考，不断加强人们对通用人工智能的重视，最终完成走向通用人工智能的使命。

正值中年的本·格策尔甚至表示，或许，只要按照这个步骤走，在技术和思想都得到充分开放和发展的情况下，他在有生之年能看到通用人工智能的到来。

参考文献

［1］阿里研究院：《互联网＋：从 IT 到 DT》，机械工业出版社 2015 年版。

［2］王吉斌、彭盾：《互联网＋：传统企业的自我颠覆、组织重构、管理进化与互联网转型》，机械工业出版社 2015 年版。

［3］叶开：《O2O 实践：互联网＋战略落地的 O2O 方法》，机械工业出版社 2015 年版。

［4］陈灿等：《互联网＋：跨界与融合》，机械工业出版社 2015 年版。

［5］陈灿等：《互联网＋：创新 2.0 下互联网经济发展新形态》，机械工业出版社 2015 年版。

［6］仲昭川：《互联网哲学——互联网＋时代的人类智慧》，电子工业出版社 2015 年版。

［7］马化腾等：《互联网＋：国家战略行动路线图》，张晓峰、杜军主编，中信出版社 2015 年版。

［8］刘振友：《互联网＋：助推传统行业弯道超车》，中国财政经济出版社 2015 年版。

［9］任建斌：《顺流而为："互联网＋"背后的商业逻辑揭秘》，电子工业出版社 2015 年版。

［10］王俞：《互联网＋》中华工商联合出版社 2015 年版。

后　记

　　企业是经济建设和发展的主体。在"互联网＋"上升为国家战略并完成顶层设计的形势下，传统企业如何转型升级，这是摆在中国所有企业家面前的时代课题。

　　传统企业战略转型升级的方向应该是什么呢？从粗放经营向集约经营转型，从"同质化战略"、"低成本战略"向"差异化战略"转型，从"跳跃式战略"向"可持续发展战略"转型，从机会导向到战略导向转型，这些都是必须解决的生存与发展问题。

　　产业革命决定经济发展的未来，这是亘古不变的规律。"蒸汽时代"和"电气时代"的经验表明，工业革命必然与科技革命相伴而生，"工业4.0"时代依然遵循着创新突破的路径。眼前的例子是，柯达、诺基亚的巨变仿佛就在昨天，如果没有意识到转型升级的刻不容缓，那么，明天我们将亲手葬送自己。丧钟为谁而鸣？那些故步自封、沉默守旧的企业，已然看到死亡在冷漠地向它们招手。

　　从本书中大量的实例来看，中国的企业家是善于思考的企业家，是具有开拓精神的企业家，是富有智慧的企业家。我们身边还在继续发生着这样的故事，而且未来也一定会有更精彩的故事呈现。可以肯定，面对"互联网＋"带来的机遇，中国不能再次"旁落"，也不会再次"旁落"！

　　这，就是中国企业家的时代使命；这，就是本书的期盼与祝愿！

图书在版编目（CIP）数据

互联网＋顶层设计/叶峰著 . —北京：经济管理出版社，2015.8
ISBN 978 - 7 - 5096 - 3920 - 7

Ⅰ.①互… Ⅱ.①叶… Ⅲ.①中国经济—经济发展—经济政策 Ⅳ.①F124

中国版本图书馆 CIP 数据核字（2015）第 203962 号

组稿编辑：张　艳
责任编辑：张　艳　丁慧敏
责任印制：黄章平
责任校对：赵天宇

出版发行：经济管理出版社
　　　　　（北京市海淀区北蜂窝 8 号中雅大厦 A 座 11 层　　100038）
网　　　址：www. E - mp. com. cn
电　　　话：（010）51915602
印　　　刷：三河市海波印务有限公司
经　　　销：新华书店
开　　　本：720mm×1000mm/16
印　　　张：13.25
字　　　数：173 千字
版　　　次：2015 年 9 月第 1 版　2015 年 9 月第 1 次印刷
书　　　号：ISBN 978 - 7 - 5096 - 3920 - 7
定　　　价：39.80 元